Heike Dahlmanns, geboren 1957 im Rheinland, Abitur, Studium der Germanistik, Anglistik, Pädagogik und Philosophie in Bonn. Lange Jahre im politischen Bereich tätig, danach unterschiedliche Lehrtätigkeiten. Mitglied im Austria Forum. Veröffentlichung von kriminellen Kurzgeschichten, heiteren Texten und Gedichten in verschiedenen Anthologien. Der erste eigene Lyrikband „Heitere Resignation" erschien im März 2017. Gewinnerin des „Ennigerloher Dichtungsrings" 2018 (Preis für komische Lyrik). Mit ihrer Familie und ihren Tieren lebt sie in Gangelt/Kreis Heinsberg.

Heike Dahlmanns

zugespitzt und abGEDICHTEt

Neue Gedichte
für Leute von heute

Bibliographische Information der
Deutschen Nationalbibliothek:
Die Deutsche Nationalbibliothek verzeichnet diese
Publikation in der
Deutschen Nationalbibliografie;
detaillierte bibliografische Daten sind im Internet über dnb.dnb.de
abrufbar.

Herstellung und Verlag: BoD – Books on Demand,
Norderstedt

ISBN 9783748110248

Umschlaggestaltung: Lena Corsten

Für Erwin

„Verbindlich, aber zugespitzt
Und treffend, wo die Schwäre sitzt."
(Wilhelm Busch)

„Spitze Federn, spitze Zungen
haben schon manch' Feind bezwungen."
(Helga Schäferling)

„Der Dichter bewahrt sein Zeitalter auf;
Ohne ihn würde es nicht erhalten bleiben."
(Egon Friedell)

Vorwort

Schon zu Jugendzeiten hatten es mir die Dichter angetan, die die Dinge literarisch auf die Spitze getrieben haben, die als Dichter, Liedermacher oder Kabarettisten Dinge auf den Punkt gebracht haben, oft mit satirischen Mitteln. Dichter wie Johann Nestroy, Karl Kraus, Wilhelm Busch, Robert Gernhardt, Heinz Erhard, Reinhard Mey als Liedermacher und Georg Kreisler als Kabarettist sind für mich Meister ihres Faches. Meister auch, was das Spiel mit Sprache angeht. Einer der eher jungen Garde, der musikalisches Talent und wunderbare, treffsichere Texte miteinander zu verbinden vermag, ist Bodo Wartke.

Probleme gesellschaftlicher, politischer oder rein menschlicher Natur pointiert darzustellen, ist mir nicht nur Freude sondern auch ein Anliegen. Wenn ich dies auch häufig in humorvoller Art und Weise tue, so sollte das jedoch nicht über den Ernst der Sache oder die Ernsthaftigkeit der Kritik hinwegtäuschen. „Verse ohne Puderzucker" hat ein Journalist meine Gedichte genannt. Ich finde diese Bezeichnung recht treffend.

Dankenswerter Weise lebe ich in einem Land, in dem Meinungsfreiheit herrscht und in dem jedermann auch kritische Ansichten – sei es in der Presse oder in der Literatur – äußern darf, ohne Angst haben zu müssen, dafür inhaftiert zu werden. Beispiele aus vielen Ländern zeigen, dass dies keinesfalls selbstverständlich ist.

Vor diesem Hintergrund habe ich Dinge häufig zugespitzt und in jedem Fall in Reimform abgedichtet, denn auch der Reim gehört für mich zum Gedicht wie das Salz in die Suppe.

In diesem Sinne: Lassen Sie sich diesen Gedichtband schmecken!

HD Juli 2018

I. Politik und Gesellschaft

Lob auf die Dichtung

Endlich möcht' ich es vollbringen:
der Dichtung heut' ein Loblied singen,
denn Dichtung wird heut' hoch gewichtet,
alles ist gut abgedichtet.

Türen, Fenster, jeden Raum
dichtet man mit Dichtungsschaum.
Doch bei Wasserhahn und Schlauch
benötigt man die Dichtung auch.

Hier behilft vor allen Dingen
man sich oft mit Dichtungsringen.
Hat Schaum und Ring man nicht im Haus,
hilft man mit andrer Dichtung aus.

Wenn Winde ziehen durch die Ritzen,
muss man doch nicht im Zuge sitzen.
Manch einer fragt mit frechem Mut:
Wozu ist Goethes Faust denn gut?

Er nimmt des Dramas ersten Akt,
knüllt das Papier und stopft exakt
es in des Hauses viele Spalten,
so sitzt er künftig nicht im Kalten.

Bevor sie im Regal verstauben,
greift mancher Mensch zu Koeppens Tauben,
zu Lessing, Hegel, Rilke, Brecht;
mit Schiller dichtet 's auch nicht schlecht.

Und so erscheint „Dichtung und Wahrheit"
in einer ganz speziellen Klarheit.
Denn es erhellt sich der Verdacht,
was Dichtung auch zur Dichtung macht.

Einst wurden Bücher hier vernichtet,
doch jetzt wird damit abgedichtet.
Allein taugt Manches da und hier
nur allenfalls als Klopapier.

Für mich sind Bücher sehr erlesen,
sind es seit Jahr und Tag gewesen.
Und bin ich später nicht ganz dicht,
Gedichte, die vergess' ich nicht.

Denn Dichtung ist ein schöner Traum,
für manche halt nur Dichtungsschaum.

Das Ei des Rindtes

Ein Dobrindt graste auf der Alm,
aus seinem Kopf quoll dichter Qualm,
weil es im Hirn was brütete,
es als Geheimnis hütete.

Das Dobrindt kreißte und im Mai
gebar das Dobrindt dann ein Ei.
Dies hatte weiß- und blaue Rauten,
weshalb auch alle darauf schauten.

Nach ein paar Tagen knackte laut
die Schale und – es schlüpft' die Maut.
Dem Dobrindt schwoll vor Stolz die Brust:
„Die Brut ist gut. Ich hab 's gewusst."

Das rief die Gegner auf den Plan:
„Das alles ist Dobrindterwahn."
Sie polterten: „Welch Ungeheuer!
Die Maut wird für uns alle teuer!"

Der Groll, den man am Ende hegt,
kommt, wenn ein Rindtviech Eier legt.

Denk ich an Deutschland

Erst hat es lange Zeit gekohlt
und schließlich dann geschrödert.
Jetzt wird in Bayern rumgesödert;
man hämmert furchtbar viel und holt
das Kreuz, das man am Morgen
hin in die Staatsgebäude hängt,
so dass sich mancher Bürger denkt,
hab'n die denn keine andren Sorgen.

Man spannt das Kreuz vor einen Karren,
Herr Jesus ist sehr deprimiert
im Himmel oben muss er harren
und sieht mit Schrecken, was die Narren
da unten mit dem Kreuze tun
und dieses völlig ungeniert.
Hat man ihn dafür liquidiert?
Ja, lieber Gott, was nun?

Das Dobrindt hat man ungelogen
nun schnell aus dem Verkehr gezogen.
Der, der im nachfolgt, hat beteuert,
er sei doch längst nicht so bescheuert.
Nun gut, man wird es sehr schnell merkeln,
wenn der auch anfängt rumzuwerkeln.
Der Diesel bringt es an den Tag!
Das ist 's, was mancher denken mag.

Es spahnt, es scholzt, es heilt und dann,
dann maast man sich nach außen an.
Doch sieh: Der Apparat, er bamft,
er stinkt, so dass die Kacke dampft.
Millionen setzte man im Land
ganz generös so in den Sand.
Hat die Miesèr' den Schmu vergessen,
oder ihn einfach ausgesessen?

Geschulzt hat es nur ziemlich kurz,
so ist es im Berliner Mief,
jetzt lässt er lautlos einen Furz,
der Aufstieg steil, der Fall ist tief.
Ein Beispiel, das sehr deutlich zeigt,
wie schnell man 's in Berlin vergeigt.

Denk ich an Deutschland in der Nacht,
dann geht 's mir wie einst Heine:
Ich bin auch um den Schlaf gebracht
und nicht nur ich alleine.

Das elfte Gebot

Es stieg einst Moses, alt und grau,
vom Berge Sinai herab.
Er war um zehn Gebote schlau,
die er den Menschen gab.

Doch Moses ist schon lange tot,
die Welt hat sich geweitet;
jetzt gibt 's ein weiteres Gebot,
eins, das die Menschheit leitet.

Und seine Botschaft lautet klar:
Du sollst mobil sein immerdar!

Und so begab sich 's hierzuland',
dass nicht der Hund mehr – das ist trist –
jedoch das Smartphone in der Hand
des Menschen treuer Freund nun ist.

Und ihn begleitet dies Gerät
auf allen seinen Wegen.
Egal ob früh, egal ob spät:
Sein Handy ist sein Segen.

Den Hals gebeugt, den Blick gesenkt,
so läuft er durch die Straßen.
Er keinen Blick der Umwelt schenkt,
den Autos nicht, die rasen.

Allzeit mobil in dieser Welt!
Ganz streng befolgt er dies Gebot,
bis er vor einen Laster fällt.
Jetzt ist der Gute tot.

Und die Fangemeinde twittert:
RIP – ganz unerschüttert.

***

Fragliche Heilung

Die liebe Oma wieder springt,
weil sie die Schmieri-Salbe nimmt.

Darüber muss ich lachen.
Wer tiefen Schmerz im Knie gespürt,
weiß, dass die Creme ihn nicht kuriert.
Da kann man gar nichts machen.

Ihr sagt jetzt: Das Gedicht ist schlecht,
denn seine Reime sind nicht echt.
Ja, unecht ist gar mancher Reim,
drum lass ich jetzt das Reimen bleim.

Unecht, wie Reime im Gedicht,
ist, was die Werbung dir verspricht.

Trumpeltier

Es tönt so laut, so schrill nach hier
aus den entfernten Staaten.
Es ist ein altes Trumpeltier
dort an die Macht geraten.

Wie kam 's dazu? Es ist fatal!
Ich sage es geschwinde:
Es kam wie anno dazumal
die Jungfrau zu dem Kinde.

Jetzt trumpelt es in jedem Staat
und wedelt wild mit Ruten,
weil es gar keine Ahnung hat
vom Blasen und vom Tuten.

Und Donald heißt das Trumpeltier,
genau wie Disneys Duck;
man stelle es sich bildlich für:
Der Körper von dem Trumpeltier,
der Entenkopf macht „Quack".

Man kann auf diesem Erdenrund
deshalb nur flehend beten,
dass dieses Wesen kunterbunt
nicht zündet die Raketen.

Es ist der Fälle schlimmster Fall,
der eingetreten ist.
Wir hoffen, es gibt keinen Knall
und dass sich dieses Trumpeltier
dann möglichst schnell ver – abschiedet.

***

Das Tollhaus

Länger kann man es schon sehen,
Männer kommen, Männer gehen.
Manche bleiben ein paar Stunden,
andre drehen läng're Runden.
Männer wechseln fast exakt
im rhythmischen Viervierteltakt.

Viele tut es sehr erquicken
in SEIN hint'res Loch zu blicken.
Und es gehen – gar nicht fein -
auch Ganoven aus und ein!
Es ist und bleibt ein großer Graus,
das tolle trump'sche Weiße Haus.

Aus dem Kuckucksnest

Er ist, ich sag es ungezogen,
wohl aus dem Kuckucksnest geflogen;
und es fiel der arme Tropf
mit vollem Schwung auf seinen Kopf.

Es fehlt zudem jetzt diesem Narren
an seinem Dach ein dicker Sparren.
Nun fliegt er in der Air Force One,
denn Donald T. heißt unser Mann.

Wenn er aus der Maschine twittert
ein Zeug, so dass die Welt erzittert,
heute dies und morgen das,
weiß niemand mehr am Ende was.

Der Amis liebster Präsident,
der nur dreihundert Worte kennt,
der nimmt das Maul so voll – okay -
wie vor Jahrzehnten Cassius Clay.

Doch der war meisterhaft im Boxen,
der Trump gleicht eher einem Ochsen,
der sich „Genie" problemlos nennt,
nur keinerlei Manieren kennt.

Ich sag' und glaube daran fest:
Er muss zurück ins Kuckucksnest.
Dorthin gehören solche Irren,
weil sie sonst nur die Welt verwirren.

***

Nur ein Traum

Er saß und schaute in die Weite;
mit Frau und Kindern an der Seite,
so träumte er von einer Zeit
voll Frieden und Gerechtigkeit,
von einem Haus mit buntem Garten,
sah seine Kinder auf ihn warten,
wenn er von seiner Arbeit kam.
Das Jüngste nahm er auf den Arm.
Sah seine Frau beim Saubermachen,
ganz ohne dass die Bomben krachen.
Er sah sich selbst mit vielen Tieren
und seine Kinder beim Studieren
in einer friedlich heilen Welt,
wo 's Alt und Jung sehr gut gefällt.

Und während er so in Gedanken,
begann das Boot ganz stark zu schwanken,
weil es auf großen Wellen wippte,
bis dass es auf die Seite kippte.
Es hatte viel zu viel Gewicht.
Ein Rettungsschiff war nicht in Sicht. –
So mancher Traum erfüllt sich nicht.

***

Wir sind die Politiker

frei nach „Wir sind die Musikanten und kommen aus Schwabenland",
Volkslied um 1900

Wir sind die Politiker
und kommen aus Berlin.

Wir können prassen
mit Steuergeldern
Hier haste was, hier haste was ….

Wir können kürzen
alle Bezüge.
Gib her, gib her, gib her ….

Wir können reisen
auf des Volkes Kosten.
Mal hier mal da, mal hier mal da ….

Wir können fahren
in den Dienstfahrzeugen.
Von hott nach hüh, von hott nach hüh …..

Wir können reden
mal dies und mal jenes.
Bla bla bla bla….

Wir können erhöhen
unsere Diäten.
Will mehr, will mehr, will mehr …..

Wir können geben
viele Subventionen.
Hier nimm, gib Ruh; hier nimm, gib Ruh …..

Wir können spannen
neue Rettungsschirme.
Mit Geld, mit Geld, ... mit deutschem Steuergeld.

Wir können nicht retten
das ganze Europa.
‘s wär‘ der Ruin, ‘s wär‘ der Ruin, es wär‘ unser Ruin.

Spitzenkandidat

Ist ein Spitzenkandidat,
wenn er gern auf Busen guckt,
auch ein spitzer seiner Art,
weil 's ihm in der Hose juckt?

Setzt ein Spitzenkandidat
Spitzen elegant rhetorisch
oder spitzt er ziemlich fad
seinen Bleistift nur euphorisch?

Trägt ein Spitzenkandidat
stellenweise auch mal Spitzen?
An dem Hemd aus Imitat
könnten solche Spitzen sitzen.

Putzt ein Spitzenkandidat
spitze auch in Eck' und Ritzen?
Ist er wirklich akkurat?
Wird 's in seiner Bude blitzen?

Glaubt ein Spitzenkandidat
in den heißen Wahlkampfphasen
an so einem Wahl-o-Mat
wieder an den Osterhasen?

Will ein Spitzenkandidat
wirksam sein in seinem Leben?
Oder will er in der Tat
nur dem Affen Zucker geben?

Wenn ich simulierend sitze,
denk' ich, wie 's wohl wirklich ist:
Ob der Mensch denn wahrhaft spitze
oder nur der Ausdruck ist.

Verschaukelt

Mal hoch, mal tief, mal auf, mal nieder:
Wie eine Schaukel ist das Leben.
Das Auf und Ab fährt in die Glieder.
Man stutzt uns häufig das Gefieder,
damit wir in die Höh' nicht fliegen.
Doch mancher bleibt am Boden liegen.
So ist es oft im Leben eben.

Und obendrein wird man verschaukelt,
uns wird so recht was vorgegaukelt
von Facebook und der Politik.
Das ist nicht recht, sondern recht mickrig
und auf jeden Fall nicht schicklich.
Die Aufs und Abs sind nicht erquicklich.
Dann muss man nicht, wie 's heute Brauch,
verschaukelt werden, ohne auch
nur einen Hauch Gewissensbissen.
Ganz grob gesagt: Das ist beschissen!

Trautes Heim, Glück allein?

Gegen die Türe gerannt,
beim Kochen verbrannt,
vor 's Auto gelaufen.
KOMMT WOHL VOM SAUFEN!

Tür aufgestemmt,
Finger geklemmt,
auf die heiße Platte gefasst.
WIEDER EINMAL NICHT AUFGEPASST!

Vom Rad gefallen,
patsch, auf 's Gesicht,
kann nur noch lallen.
VERSTEHE ICH NICHT!

Schmerzen im Magen,
Zahn ausgeschlagen,
der Körper ist blau.
WAS WILL DIESE FRAU?

Das Haar ausgerissen,
büschelweise,
von der Leiter geschmissen.
JAMMER DOCH LEISE!

Er hat mal wieder nach Schnaps gerochen,
der kleinen Tochter das Ärmchen gebrochen.
Mit Crystal Meth im Blut
packt ihn vollends die Wut,
reißt das Baby aus dem Bett –
da sticht sie ihn nieder mit einem Stilett.

Jetzt ertönt laut sein Gejammer,
da nimmt sie noch den Hammer.
Schluss, Ende, Aus mit dem Gequengel!
Dieser Teufel ist jetzt ein Engel.

Ein weites Feld

Ich warte auf die Deutsche Bahn.
Kommt sie wohl pünktlich? Ob sie hält?
Der Zug fällt heute aus! Ich ahn':
Die Deutsche Bahn, ein weites Feld.

Mit Ärger hör ich: BER.
Wird jemals fertig er gestellt?
Herrscht dort mal reger Flugverkehr?
Der BER: ein weites Feld.

In NRW gilt Inklusion.
Das steht mit Lehrern oder fällt.
Sonst bleibt es nur mehr Illusion.
Die Inklusion: ein weites Feld.

Man diskutiert den Klimaschutz,
sagt: Diesel, der verdreckt die Welt.
Ein Kreuzfahrtschiff macht viel mehr Schmutz.
Der Klimaschutz: ein weites Feld.

Die Bildung ist ein hoher Wert,
man möchte sie, doch es entfällt
die Arbeit, die sie erst beschert.
Die Bildung: stets ein weites Feld.

Ein jedes Jahr zur Messezeit
sind neue Bücher ausgestellt.
Ob interessant, ob nicht gescheit -
Literatur: ein weites Feld.

Es drängt die Menschen in die Ferne
und weit hinauf zum Himmelszelt
und dort erkunden sie die Sterne.
Der Weltraum ist ein weites Feld.

Ein jedes Land macht Politik,
sucht seinen Vorteil und sein Geld
mit wenig oder viel Geschick.
Die Politik: ein weites Feld.

Traurig war der alte Briest
und ausgegrenzt von seiner Welt.
Das End' des Lebens war vermiest.
Das Leben ist ein weites Feld.

Hashtag # Heimat

Heimat, deine gold'nen Sterne
sehe ich bisweilen gerne,
doch die Sicht ist mir gemindert,
da der Feinstaub sie verhindert.
Feinstaub setzt sich in die Lungen,
Alte husten und die Jungen.
Mancher Mensch hält das nicht aus
und es macht ihm den Garaus.
Tief legt man ihn in die Erde,
auf dass er wieder Erde werde.

Heimat, deine gute Erde,
gut für Äcker, gut für Pferde
und für anderes Getier.
Solchen Boden lob' ich mir.
Firmen sind es, die es wagen,
diesen Boden abzutragen.
Zur Verstromung dient die Sohle.
Ja, aus Kohle macht man Kohle.
Bosse, habt ihr es vergessen?
Strom, den kann man doch nicht essen!

Heimat, deine frohen Feste
waren einst das Allerbeste.
Ostern, Weihnacht, Nikolaus:
Man macht nur noch Geschäfte draus.
Kaufe, kaufe, kaufe du:
Werbung lässt dich nicht in Ruh'.
Statt dass man pflegt die eig'nen Sitten,
holt man Sitten sich von Dritten.
Und man feiert fürderhin
statt Sankt Martin Halloween.

Heimat, deine schönen Worte,
Worte von der guten Sorte,
schwinden hier aus diesem Land.
Englisch ist nur interessant.
Digi-Deutsch zeigt grauenhaft,
wie man 's ohne Regeln schafft.
Hashtag # Jugendworte sims:
Arschfax, gönn dir und I bims.
Sprache – und das lässt mich schauern –
baut Barrieren und baut Mauern.

Heimat, wo bist du geblieben?
Werte, die sich stets verschieben
immer schneller Jahr für Jahr.
Nichts ist, wie es einmal war.
Und eins ist doch sehr sinister:
Heimat braucht jetzt auch Minister!
Doch es ist an uns gelegen,
uns're Heimat gut zu pflegen.
Nicht Fremde sind 's, die demontieren,
wir sind 's, wenn wir resignieren.

***

GroKo

Wahlen wieder mal gewesen:
Das Ergebnis, das sich zeigt,
ist beileibe nicht erlesen,
Volksparteien hab'n 's vergeigt.

Sechs Parteien insgesamt
teilen sich den großen Kuchen,
mehr und mehr wird interessant
Regierungsbildung zu versuchen.

Was gab 's in vergang'nen Jahren?
GroKo hieß das Zauberwort.
Solides haben wir erfahren,
doch der Zauber, der blieb fort.

Aufbruch, Neuanfang euphorisch?
Dieses gab 's schon lange nicht.
Ist das denn so illusorisch?
Ist denn niemand drauf erpicht?

GroKo, GroKo, das nie wieder,
niemals mehr schwarz-roter Brei.
Schulz, er spreizte sein Gefieder,
Nahles, die war auch dabei.

„Und jetzt gibt es auf die Fresse",
sagte Nahles voller Hohn
den Reportern von der Presse,
„wir geh'n in Opposition."

Das war erst vor wen'gen Wochen,
alles Höhnen ist vorbei.
Man serviert nach langem Kochen
wieder nur den Einheitsbrei.

Ob am Ende diese GroKo
wirklich nützt, ist ungewiss.
Möglich ist 's, dass wie ein Kroko-
dil sie ihre Wähler frisst.

Kommt ein Bomber geflogen

frei nach „Kommt ein Vogel geflogen" von Wenzel Müller

Kommt ein Bomber geflogen,
wirft dem Kim was auf den Fuß,
hat ein Zettel am Zünder,
von dem Donald ein Gruß.

Und der Kim und der Donald,
ja, die giften sich an.
Und wir hoffen, dass schon bald
die Vernunft siegen kann.

Lieber Donald, sei weise,
lass den Kim Jong in Ruh'.
Denn des Krieges hohe Preise,
ja, die zahltest auch du.

Andre Bomben, die tosen,
denn der Assad braut Gift.
Amis, Briten, Franzosen
hoffen, dass man auch trifft.

Doch man trifft Zivilisten
und man bombt sie kaputt;
Dörfer, Städte und Pisten
liegen alle in Schutt.

Kämen Bomber geflogen
so im Tiefflug über 's Land,
würfen Eis und Rosinen -
ja, das wär allerhand.

***

Taka-Tuka-Land

Zeitung, Fernsehen, Radio
machen mich so gar nicht froh:
Schreckensbilder, Schiffe sinken,
Menschen, die im Meer ertrinken,
ISIS-Kämpfer, die sich drängen
andre in die Luft zu sprengen;
und in vielen andern Staaten
rechte - scheinbar Demokraten -
kippen, hirnlos allesamt,
braune Sauce über 's Land.
Die FIFA – was dazu gut passt -
versinkt im Korruptionsmorast.
Die Deutsche Bank hat ausspektakelt,
und ist fast gänzlich abgetakelt.
Dem deutschen Flaggschiff ehemals
steht jetzt das Wasser bis zum Hals.

Ich möchte mich so gern verdrücken
und dieser Schreckenswelt entrücken.
Ich fahr' ins Taka-Tuka-Land,
das liegt gleich neben Lummerland.
Dort gibt 's nicht Hass und nicht Gewalt,
die Menschheit wird in Würde alt;
und Arbeit gibt 's für jedermann,
von der auch jeder leben kann.
Die Tiere leben artgerecht,
dem Landwirt geht 's trotzdem nicht schlecht.
Der Wohnraum gut und wert den Preis,
für Kinder wär 's ein Paradeis.

Es gibt nicht Drohnen, nicht Raketen,
doch hohe Bildungsqualitäten.
Es gibt Musik, Kunst und Kultur.
Der Mensch ist eins mit der Natur:
Man liegt im Gras und sieht die Sterne,
die Fröschlein quaken in der Ferne.
Kein Schuss zerreißt die Abendstille,
ich glaub', das wär' des Menschen Wille.

Ach, wenn doch das nur möglich wäre,
doch leider ist es nur Chimäre.

ABC

frei nach „ABC – die Katze lief im Schnee",
thüringisches Kinderlied aus dem 19. Jahrhundert

ABC
Korrupt der DFB!
War Kaiser Franz nicht informiert?
Wer hat denn wen da korrumpiert?
O jemine, o jemine.
Korrupt der DFB!

ABC
Das Image ist passé.
Das Sommermärchen war getürkt.
Der DFB jetzt daran würgt.
O jemine, o jemine.
Das Image ist passé.

ABC
Dubios der DFB!
Millionen und auch dies und das -
warum, zu wem, wo, wann und was?
O jemine, o jemine.
Dubios der DFB!

ABC
Jetzt wissen wir 's, oje!
Die Manager, wie grauenvoll,
Die stopften sich die Taschen voll.
O jemine, o jemine.
Die Ehre ist passé!

***

Fußball Weltmeisterschaft 2018

Ich sag' es jetzt frei und ungelogen:
Die Fahne hab' ich gar nicht erst hoch gezogen.
Das Fußball-Fieber hatte mich nicht gepackt,
es war schon vor der WM versackt
in schwachen Spielen und Türkenquerelen.

„Einer für alle und alle für einen"
wäre das Motto zum Siegen gewesen.
Was wir dann sahen, war gar nicht erlesen,
stattdessen war es wirklich zum Weinen.
Man sollte den Fans ihre Zeit nicht so stehlen.

Die Mannschaft zeigte zu wenig Herz,
und drum herum war zu viel Kommerz.
Ein echtes Zusammen hat es nie gegeben,
deshalb war die Elf auch so leicht zu zerlegen.
Die echte Leidenschaft tat fehlen.

Was lernt man nun aus der Geschicht'?
Funktionäre, greift an die Besiegten nicht.
Das ist nur einfach schlechter Stil
und führt euch letztlich nicht zum Ziel.
Man kann sich damit nicht empfehlen.

Die Letzten werden die Ersten sein,
man schrieb 's schon in die Bibel rein.
Und dieses gilt für jeden.
Man sieht es jetzt an Schweden.
Das nagt an deutschen Seelen.

Es ist was faul im deutschen Land
im Fußball und der Politik.
Man brauche endlich den Verstand,
gemeinsam stark: Das ist der Trick.
Vielleicht macht 's jetzt bei manchen „klick"!?

Die Cloud

Für Fotos, Texte, Dokumente,
geheime, nicht zu offenbaren,
suchte ich die permanente
Stelle um sie zu bewahren.
Den Speicher, schon sehr stark belastet,
hab' ich darum nicht angetastet.

Wohin? Das hab' ich mich gefragt.
Der Himmel hat es mir gesagt.
Denn als ich in das Blau geschaut,
da sah ich sie - die weiße Cloud -
und habe alles drin verstaut.

Ich hab' die Cloud sehr gut versteckt,
doch hat ein Hacker sie entdeckt
und hat dann völlig ungeschliffen,
und unbefugt drauf zugegriffen.

Wo sind sie, die geheimen Akten
und die Fotos mit den nackten
Priestern und den Prominenten,
Politikern und Dissidenten?

Wo die Papiere, die mir teuer,
aus den weit entfernten Staaten
zum Ersparen meiner Steuer?
Sie war'n wirklich gut geraten.
Doch jetzt sind sie alle weg!
Wer verfolgt wie welchen Zweck?

Ich hatte auf die Cloud vertraut,
doch hat man meine Cloud geklaut.
Wo schwebt sie jetzt am Datenhimmel?
Da ist doch riesiges Gewimmel!
Ob ich sie jemals wieder sehe?
Ich still darum zum Herrgott flehe.

Beklaut zu werden, wie ich 's hasse,
drum miet' ich bei der Kreissparkasse
mir schnellstens einen Stahltresor
für all die Dinge, die ich vor
den anderen verbergen muss.
Und so komm' ich zu dem Schluss:

Die Cloud ist für mich nun versaut,
drum ist die Cloud für mich jetzt out.

Menschenfischer

Jesus sprach in alten Zeiten:
„Ihr sollt Menschenfischer sein,
unsern Glauben stark verbreiten,
tragt ihn in die Welt hinein."

Und die Jünger sagten: „Krass!
Boss, geht klar. Wir schaffen das!"
Und wie wir jetzt alle seh'n:
Jesu Wille ist gescheh'n.

Jetzt bin ich da, wo Jesus war
und schwimm' im warmen Meer.
Doch es ist wirklich sonderbar,
was darin treibt umher.

Plastikbecher, -tüten, -flaschen,
alles schwimmt im Meeresstrom,
Strohhalm und auch Plastiktaschen
und auch öfter ein Kondom.

Menschen fischten Jesu Jünger,
ich fisch' Abfall aus dem Meer.
Plastikmüll ist doch kein Dünger,
macht den Tier'n das Leben schwer.

Plastikmüll, der wird zur Masse,
treibt als Teppich auf der See.
Schließlich aber find ich 's klasse,
wenn *ich* dann über 's Wasser geh.

***

Die Erde bebt

Die Erde bebt
vor Zorn und Wut
und schleudert ihre rote Glut
ins Himmelsblau.

Die Erde bebt
und schau,
wie sie sich wehrt,
weil alles an ihr zerrt und zehrt.
Sie öffnet Spalten,
die alles verschlingen,
die Jungen und Alten.

Die Erde bebt,
der Himmel weint,
und beide in der Wut vereint
ergießen Fluten über 's Land.

Und Wasser reißen mit sich fort,
was da und dort im Wege stand,
Mensch und Tier, den ganzen Ort -
egal –
es sind nur Zeichen ihrer Qual.

Denn Flüsse hat man eingedämmt,
sie in ein enges Bett gezwängt.
Sie rebellieren, protestieren,
wehren sich dagegen,
dass man sie hat begradigt
und keinen Raum gelassen
für große Wassermassen.
Sie sind bis heute nicht begnadigt.

Der Himmel zürnt,
es stürmt und türmt
die Wolken zu Orkanen,
die, es lässt sich schon erahnen,
das Land verwüsten
und Regenmassen
niederlassen.
Die Wirbel wirbeln alles fort:
Häuser, Bäume und an Bord
von Schiffen,
an Riffen
zerschellt.

Die Sonne lacht.
Mit großer Kraft
scheint sie auf unsre Erde.
Doch ihr habt 's in der Tat geschafft
und ihre Haut kaputt gemacht.
Drum brennt sie nieder,
lässt Eis und Gletscher schmelzen,
so dass die Meere wälzen
sich über Stadt und Land.

Die Natur hat man geschunden
und schlägt ihr täglich neue Wunden.
Man hat sie lange ausgebeutet,
es als notwendig stets gedeutet.
Wälder hat man abgeschlagen,
gute Erde abgetragen.
Vergiftet ist sie und verseucht
und vieles, was da kreucht und fleucht.

Wenn wir nicht innehalten
und nicht beginnen,
die Natur ganz sorgsam zu verwalten,
dann gibt es kein Entrinnen.
Doch der Herr wird sich besinnen,
wird erklären, unerheitert:
Projekt Erde ist gescheitert.

II. Tierisches

Alarich

Alarich, der alte Ganter,
sprach: „Ich fürcht' mich fürchterlich.
Gestern flog ein mir bekannter
Ganter auf den Festtagstisch.

Braun gebrutzelt in der Röhre
schmeckte er Familie Matz.
Die Gebeine gab – ich schwöre –
man am End' der alten Katz.

So verlor ich Anverwandte:
Mutter, Vater und Cousine
und auch Selma, meine Tante,
starben durch die Guillotine.

Mich, mich füttert man mit Möhren
und man gibt mir Gänsewein.
Doch ich könnte darauf schwören,
ich werd' auch zu Gänseklein.

Es ist schrecklich zu ertragen,
wie mir vor Sankt Martin graut,
wenn Sie nach Heilig Abend fragen,
dann bekomm' ich Gänsehaut.

Das Faultier

Ein Faultier hängt in einem Baum,
es ist so faul, es regt sich kaum.
Nur wenn es einmal Hunger hat,
dann knabbert es an einem Blatt,
um danach wieder stundenlang
zu frönen seinem Faultierhang.

Bisweilen klettert 's müd und schlapp
von seinem Lebensbaum herab.
Es kackt ins grüne Gras und pisst
nur einmal in acht Tagen.
Dann kommt die Schlange, die es frisst.
Jetzt fault 's in ihrem Magen

Der Ritter

Der Ritter Schreck von Schreckenstein
liegt nachts in seinem Bette,
schläft friedlich wie ein Engelein
bei seinem Weib Annette.

Doch plötzlich springt der Ritter auf,
ihm ist, als tät was jucken,
er sieht am Fenster wie zu Hauf
die grellen Blitze zucken.

Sie tauchen so sein Schlafgemach
in flackernd helles Licht.
Da sieht der Ritter – weh und ach –
am Himmelbett den Bösewicht.

Er schreit nach seinem Weib, das zuckt:
„Annette, sieh, was mich gejuckt!
Weib! Reich' mir Schwert und Lanze!
Ich glaube, dort am Baldachin sitzt eine Wanze."

Das Zebra

Ein Zebra lief durch die Savanne
und schaute ganz belämmert drein.
Es hatte eine Streifenpanne!
Wie konnte das geschehen sein?

Ein Blick an seinem Leib herab,
da fing 's an zu begreifen:
Die schwarzen Streifen waren ab,
sah'n aus im Sand wie Fahrradreifen.

Man sah anstatt der schwarzen Zier
nun blaue Streifen prangen.
Ein blau-weiß-blau gestreiftes Tier,
das würde schnell gefangen. –

Und nun steht dieses Unikum
in einem deutschen Zoo herum
und wurde von verschied'nen Foren
zum MSV-Symbol erkoren.

Das Zebra ist total verwirrt,
weil man 's nach Duisburg hat verirrt.
Es sehnt sich sehr nach der Savanne
und flucht drum auf die Streifenpanne.

Der alte Ganter

Es lebte einst ein alter Ganter
in einem schönen Gänsereich.
Es war ein eleganter Ganter,
die Federn waren weiß und weich.

Der Ganter fühlte sich allein,
drum suchte er sich eine Frau.
Er wollte nicht mehr einsam sein.
Die Gänsefrau war jung und grau.

Es meinte dann der alte Ganter,
neben seiner grauen Gans
wirke er noch eleganter.
Dieses nennt man Arro-Gans.

Der Zünsler

frei nach Johann Wolfgang von Goethe „Der Erlkönig"

Wer zünselt so viel bei Nacht, Tag und Wind?
Es ist der Zünsler mit Weib und Kind.
Sie nagen geschäftig an dem Grün,
die grünen Blättchen ganz ohne Müh'n.

Mein Kind, mein Kind, verstecke dich nicht.
Der Tisch ist hier fein angericht'.
Der Buchsbaum ist voll Saft und Kraft.
Wir fressen so viel, bis es geschafft.

Mein Vater, mein Vater, da ist ein Mann.
Er kommt mit einer Giftspritz' an.
Mein Sohn, mein Sohn, fürchte dich nicht.
Das Gift, das wirkt bei uns Zünslern nicht.

Mein Vater, mein Vater, du hast ja so Recht.
Das Gift, das ist beileibe schlecht.
Es nebelt uns nur etwas ein,
doch wird es unser Tod nicht sein.

So zünseln sie weiter, sie fressen geschwind
die Stängel ganz kahl bei Wetter und Wind.
Der Mensch sieht das in seiner Not.
Am Ende ist der Buchsbaum tot.

Auf der Weide

frei nach Joachim Ringelnatz „Im Park"

Ein ganz kleines Lamm stand am Weidezaun.
Es blökte ganz leise, man hörte es kaum.
Das war im April um drei nach zwei.
Dann kam ich um vier
nach Mittag wieder vorbei,
da blökte noch immer das Tier.
Nun tappte ich leise, ich raschelte kaum,
durch Gras und Schafkot hin zu dem Zaun.
Ich stupste sachte an sein Hörnchen.
Da zerfiel es zu Körnchen.

Der Eichenprozessionsspinner (kurz EPS)

Der EPS wohnt auf den Eichen
und spinnt und spinnt und spinnt und spinnt;
drum muss man jetzt den Eichen weichen,
weil Spinner recht gefährlich sind.

Nimmt man die Raupe in die Hand,
um sie ganz arglos zu betrachten,
dann ist die ganze Hand verbrannt;
bei Spinnern muss man das beachten.

Drum halte dich von Spinnern fern,
bei Menschen und bei Tieren,
denn diese schaden häufig gern,
anstatt zu amüsieren.

Aus einer Raupe – was erheblich –
wächst oft ein bunter Schmetterling.
Bei Menschen wartet man vergeblich
auf ein so schönes Wunderding.

III. Allzu Menschliches

Ohne Frauen

Manchmal sagt Mann
Frau'n sind lästig,
eigenwillig, oft unpässlich.
Frauen, sagt Mann,
sind sehr eitel,
durchgestylt von Kopf bis Scheitel.
Frauen, sagt Mann,
hab'n Migräne,
haben oft haarige Zähne.
Frauen, sagt Mann,
sind nicht logisch,
sind bisweilen klaustrophobisch.
Frauen, sagt Mann,
kaufen Schuhe,
kommen selten sonst zur Ruhe.

Doch überlegt man mal genau:
Was wär die Menschheit ohne Frau?

Ohne Frauen säßen Männer in der Kneipe allezeit.
Ohne Frauen wären Männer zu viel Unsinn gern bereit.
Ohne Frauen hätten Männer keine Bügelhemden an.
Ohne Frauen schwärmten Männer immer nur für einen
Mann.
Ohne Frauen lebten Männer nahrungstechnisch ungesund.
Ohne Frauen kämen Männer selbstverständlich auf den
Hund.
Ohne Frauen keine Freundin, keine Hure, kein Pläsir.

Ohne Frauen wären Männer ganz allein der Schöpfung Zier.
Ohne Frauen keine Kinder, kein Geschrei, kein Kuckucks-
blag.
Ohne Frauen hätten Männer dann auch keinen Vatertag.
Ohne Frauen hätten Männer für sich fünfmal so viel Geld.
Ohne Frauen wären Männer überhaupt nicht auf der Welt.

In vino veritas

Kann es etwas Schön'res geben
als den guten Saft der Reben?
Leser, du kannst es mir glauben:
Wohl tut dieser Saft der Trauben.
Drum trinke, denn er gibt dir Kraft,
allabendlich den Rebensaft.

Im Alter, und das ist sehr hart,
verliert der Körper auch an Fahrt.
Deshalb – und das sollst du merken –
musst du deinen Körper stärken.
Auch die Nerven, diese schwachen,
brauchen kräftigende Sachen.

Selbstverständlich nur in Maßen,
nie im Verkehr und auf den Straßen.
Trink langsam und stets mit Genuss,
sonst macht dein Kopf dir schnell Verdruss.
Und wenn du trinkst, dann achte drauf,
der Weingeist tut die Seele auf.

Denn ein Geheimnis, tief verschlossen,
wird mit dem Wein oft ausgegossen.
Die Römer haben schon, wie krass,
gewusst: In vino veritas!

Mienenspiel 1

Ist er ganz froh, strahlt er wie Narzissen.
Ist er beleidigt, schmollt er verbissen.
Ist er traurig, schaut er melancholisch.
Ist er in der Kirche, schaut er katholisch.
Ist er albern, dann zieht er Grimassen.
Kann man seine Miene in Worte nicht fassen,
ist er albern, beleidigt und traurig nicht,
dann macht er ein Zwischengesicht.

***

Minenspiel 2

Süß ist ihr Blick, wenn sie fröhlich ist.
Sauer schaut Mutter, wenn der Zorn an ihr frisst.
Süß sieht sie drein, wenn man Freude ihr macht,
sauer ihr Blick, wenn man Ärger entfacht.
Süß blickt die Mutter, wenn man Blumen ihr bringt,
sauer ihr Aussehʻn, wenn betrunken man winkt.
Doch schaut sie süß oder sauer nicht,
macht sie ihr spezielles Muttergesicht.

Schülerrap

Acht Uhr. Es hat geklingelt.
Die Schüler gehen 'rein.
Paul geht mit Juliane.
Susi lernt Latein.
Jan und Peter machen
noch schnell die Kippen aus.
Der Kai stellt Susi Beinchen,
bevor sie geh'n ins Haus.

Erste Stunde Mathe:
Das hält doch kein Mensch aus.
Alpha, Beta, Cosinus,
mein Gott, oh welch ein Graus!
Ganz so früh am Morgen
checkt das hier keine Sau;
es sind noch alle müde
vom gestrigen Radau.

Zweite Stunde Englisch,
Miss Miller kommt herein.
„Wir schreiben 'nen Vokabeltest."
„Warum muss das denn sein?"
„Ich habe die Vokabeln
zu heute nicht studiert."
„Ich musste doch zum Doktor;
der hat mich operiert."

Nun ist endlich Pause.
Alle strömen 'raus.
Die ersten Plastikfetzen
flattern durch das Haus.
Laura geht mit Mia
schnell herum um 's Eck,
denn da ist der Rauchertreff,
da wartet schon der Jack.

Das sind unsre Schüler,
die Hoffnung der Nation.
Die soll'n unsre Rente zahlen?
Na, wer glaubt das schon?

In den nächsten Stunden
steht Sport auf dem Programm.
Jeder sagt dem Lehrer,
warum er das nicht kann.
Maike, die hat Zahnweh.
Cindy hat 's am Knie.
Nicole hat ihre Tage
zusammen mit Marie.

Es kommt die zweite Pause.
Zwei Drittel sind geschafft.
So ein Schülermorgen
kostet sehr viel Kraft.
Georg haut der Paula
feste auf den Po.
Das hat der dicke Vince geseh'n
und schlägt ihn drum K.O.

Das sind unsre Schüler,
die Hoffnung der Nation.
Die soll'n unsern Staat bewahren?
Na, wer glaubt das schon?

Fünfte Stunde Bio:
Die Arbeit, die steht an.
Der Lehrer schreibt die Tafel voll
und Paula knutscht mit Jan.
Sascha sitzt ganz hinten
und schreibt 'ne SMS,
ob Marvin heute Nachmittag
chillt mit ihm nach dem Stress.

Sechste Stunde Reli:
Die Schüler sind gemein.
Der Lehrer hat sie nicht im Griff
und fühlt sich ganz allein.
Er redet über Jesus,.
Kai brüllt zum Fenster raus:
„Es ist schon ein Uhr fünfzehn!
Wir dürfen jetzt nach Haus'!"

Die Schüler sind verschwunden,
die Kreide ist es auch.
Der Zeigestock hat einen Knick,
Zerstörung ist jetzt Brauch.
Die Tische sind bekritzelt,
der Boden liegt voll Müll,
und unterm Tisch ein Pausenbrot,
das kein Mensch mehr will.

Das sind unsre Schüler,
die Hoffnung der Nation.
Die soll'n uns einmal regieren?
Na, wer glaubt das schon?

Endlich dann zu Hause:
Die Eltern sind nicht da.
Pizza in den Ofen –
alles wunderbar.
Twitter und auch Facebook
sind jetzt angesagt
und Zocken dann im Internet,
bis dass der Morgen tagt.

Doch kaum sind die Schüler
aus der Schule 'raus,
kommen sie als Gäste
zu uns in das Haus.
Dann wird nett geplaudert.
Ja, man glaubt es nie:
Dann hab'n sie plötzlich Sehnsucht
nach Englisch und Chemie.

Das sind unsre Schüler,
die Hoffnung der Nation.
Die soll'n unsre Rente zahlen?
Die soll'n unsern Staat bewahren?
Die soll'n uns einmal regieren?
Na, das wird doch schon!

Schläferstündchen

Lass uns ein Schläferstündchen halten,
der Woche Stress, er ist vorbei.
Vergiss die Sorgen und die alten
Probleme sind jetzt einerlei.

Lass uns ein Tässchen Kaffee trinken,
bevor wir nun gemeinsam ruh'n
und dann ganz tief in uns versinken,
den Nerven etwas Gutes tun.

Die Katze liegt auf meinen Füßen,
der Hund am Boden neben dir.
Wir alle schlafen und genießen
das Nickerchen bis viertel vier.

Jetzt an die Frischluft ins Gelände!
Mit neuer Kraft ins Wochenende!
Und so erquickt das Schläferstündchen,
Herrchen, Frauchen, Kätzchen, Hündchen.

Die drei Genies

Es konnte gar nichts Schön'res geben
als Musik in seinem Leben.
Drum spielte Hauke auch sehr fein
die Pauke im Musikverein.
Und auch für seine Braut, die Frauke,
haute Hauke auf die Pauke.

Auch Ulf hielt sich für sehr begnadet
als Musiker, denn unbeschadet
konnte er bei Fußballspielen
durch Tröten viel Applaus erzielen.
Ulf tutet auf der Vuvuzela
auch nach dem Spiel für Michaela.

Peter, da Musikverehrer,
wurde daraufhin zum Lehrer.
An seiner Schule in Köln-Langel
spielt er Triangel im Gerangel.
In NRW herrscht Lehrermangel,
drum reicht für 's Studium das Triangel.

Per Zufall trafen sich die Drei
als Kunden einer Bäckerei
und beschlossen dort in Bünden
ein Trio mit Gesang zu gründen.
Die drei Genies wollten sie heißen,
die Menschen von den Stühlen reißen.

Triangel, Pauke, Vuvuzela,
doch selbst in Süd-Venezuela
wollte man ihr Spiel nicht hören,
niemand war da zu betören.
Das war für alle sehr fatal,
hielt sich das Trio für genial.

Da lud ein alter Freund sie ein
zum Zeitvertreib ins Altenheim,
wo nur die tauben Menschen wohnen;
ein Auftritt könnte sich dort lohnen.
So zeigten sie ganz ungeniert,
wie man in Heimen konzertiert.

Doch plötzlich rief der alte Freiherr:
„Es lüftet sich ein Nebelschleier!
Ich könnte wirklich darauf schwören,
ich fange wieder an zu hören."
Auch die betagte Oma Meier
sprach: „Meine Ohren werden freier."

Zurück erhielten so – ich schwör! –
die Heimbewohner ihr Gehör.
Es störten sie auch nicht die Glatzen
der drei Genies, doch alle Katzen
krochen in die stillste Kammer,
zu fein ihr Ohr für dies Gejammer.

Landauf landab man seither pries
die Heilkraft dieser drei Genies.

Über die Kugel

Schon im alten Griechenland
man zu der Erkenntnis fand,
lange Jahre schon vor Christ,
dass die Welt 'ne Kugel ist
und beileibe
keine Scheibe.

Kolumbus und auch Magellan
machten später sich daran
alle Meere zu beschiffen,
bis sie 's schließlich auch begriffen:
mit Bedacht
rund gemacht.

Münchhausen, der kam ungelogen
auf einer Kugel angeflogen.
Solche Kugeln für Kanonen
und auch andre blaue Bohnen -
einerlei -
goss man aus Blei.

Und als allerneusten Schlager
gab es dafür auch Kugellager.
Man sammelte die Munition
dort für den nächsten Einsatz schon.
Auf jeden Fall
gab 's einen Knall.

Seitdem sind Kugeln voll im Trend,
so manche Fußballelf, die rennt
der Lederkugel hinterher;
sie trifft oder sie trifft nicht mehr
das Tor
wie zuvor.

Bunte Kugeln rollen sehn
geht beim Billard um halb zehn.
Mit kleinen Bällen, wunderbar,
bleiben Könner unter Par.
Auf diese Weise
kriegt man Preise.

In den Austern dann und wann
reifen Perlen auch heran.
Und Perlen, welche Augenweide,
sind kostbar kugelig Geschmeide.
Selbst ohne Steuer
richtig teuer.

Völker-, Korb- und Volleyball:
Kugeln gibt es überall.
BumBum und Steffi, welche Hetz,
droschen gelbe über 's Netz.
Auf alle Fälle
sind es Bälle.

Jedes Mal am Samstag sollen
neunundvierzig Kugeln rollen.
Sechs davon, die wären wichtig,
es gibt Geld, wenn diese richtig.
Doch bitte sehr
ohne Gewähr.

Pillen, Kapseln, Globuli:
In Kugelform bekommst du sie.
Vielleicht machte auch Aschenbrödel
Zwetschgen- und Marillenknödel.
Doch Kugelfisch
bleibt weg vom Tisch.

Und während ich am Schreibtisch sitz'
schlägt ein ein lauter Kugelblitz.
Zwar treffen Kugeln alle Neune,
der Kugelblitz doch traf die Scheune.

Die Stromversorgung auch getroffen,
mein Rechner deshalb abgesoffen.
Drum kann ich künftig, meine Lieben,
'ne ruhigere Kugel schieben.

So kugle ich nun durch mein Leben,
ecke hier und da mal an,
werd' mir drum nicht die Kugel geben,
bin balla balla dann und wann.

Und wird 's für mich verdrießlicher,
im Leben nicht ersprießlicher,
und hilft nicht Lachen, nicht Gekicher,
dann hoff' ich, ich bin kugelsicher.

***

Messer

Wenn mancher Mensch sich manchmal denkt,
der Mensch ist kaum noch zu ertragen,
den möchte' ich gern ins Jenseits jagen,
der Mensch gehört gehenkt.

Ihn zu erhängen – diffizil -
Aufwand braucht es und viel Kraft,
was wirklich nicht ein jeder schafft.
Doch hängen kostet nicht so viel.

Erschießen wär noch eine Art
den Menschen zu entsorgen.
Die Waffe könnt man borgen.
Damit käme man parat.

Doch dann besinnt sich mancher Mann
und denkt: Ein Messer, das wär' fein.
Das stech' ich einfach in ihn rein.
Ja, die Idee kam irgendwann.

Die Messer, preiswert und auch leis',
sind jetzt sehr in der Mod'.
Sie führen blitzeschnell zum Tod,
was auch ein jeder weiß.

Drum liest und hört man jeden Tag
vom Angriff mit dem Messer
auf Kinder, Frauen, Pflanzenfresser,
nur weil man sie nicht mag.

Die Zeitung schreibt von den Attacken.
Doch jeder Mensch hat seine Macken.
Drum denke ich, es wäre besser,
man ließe das jetzt mit dem Messer.

Müde oder das tägliche Einerlei

Ich bin so müde, ich bin so matt,
bin wie die Ziege, fraß noch kein Blatt.
Mäh mäh!

Der ganze Morgen ist schon dahin
mit Stress und Sorgen und viel Klimbim.
Oh näh!

Nicht essen, nicht trinken, noch nicht mal auf 's Klo,
mein Bauchraum rebelliert sowieso.
Weh weh!

Von acht bis drei, ganz ohne Pause.
Doch endlich, endlich trab' ich jetzt nach Hause.
Bäh bäh!

Doch nun daheim, schnell ins Haus gehetzt
und hastig das Klosett besetzt.
Hää hää!

Nun trinken, was essen – endlich mal satt,
bin angespeist und mag kein Blatt.
Mäh mäh!

Nach der Arbeit - erste Runde -
folgt eine kurze Ruhestunde.
Gähn gähn!

Danach wird noch bis weit nach acht
der Wust am Schreibtisch platt gemacht.
Oh je.

Bin wieder müde, bin wieder matt,
geh' jetzt in Bett, fraß noch ein Blatt.
Mäh mäh!

Am Tage drauf, da gibt 's – oh Schreck –
ganz haargenau den gleichen Dreck.
Oh näh!

***

Menschliches Unvermögen

Munter wie ein Rehlein springen,
astrein wie die Callas singen,
auch in Mathe mal brillieren,
an der Börse spekulieren,
schnell auf hohe Bäume klettern,
mit der Hand den Tisch zerschmettern,
vierzig Kilometer rennen,
eine Nacht mal richtig pennen:
Alles dieses kann ich nicht.
Bei mir reicht 's nur für dies Gedicht.

Yesterday

frei nach „Yesterday" von den Beatles

Yesterday
burglars took my gold and jewels away.
Now my tears are running. I can say
oh terrible was yesterday.

Suddenly
I'm not as rich I used to be
and a breakdown 's hanging over me.
Oh yesterday came suddenly

Why they broke my safe, I don't know, no one can say.
Now I am scared at home to stay
and that because of yesterday.

Yesterday
Theft was such an easy game to play.
Now they need a place to hide and stay
Or they are caught and put away.

Why they broke my safe, I don't know, no one can say.
Now I am scared at home to stay
and that because of yesterday.

Yesterday
Theft was such an easy game to play
Now they need a place to hide and stay
But I am scared since yesterday.

In einer lauen Sommernacht

In einer lauen Sommernacht,
da hab ich mich verliebt.
Nun summt 's und brummt 's in meinem Bauch;
wie wunderbar, dass es das gibt.

In einer lauen Sommernacht,
da hat er mich gedrückt.
So sind wir uns mit einem Mal
ganz nah ans Herz gerückt.

In einer lauen Sommernacht,
da hat er mich geküsst,
im weichen, sanften Mondenschein
im Wald bei Weilerswist.

In einer lauen Sommernacht,
da hat er mich geliebt,
so zärtlich und so inniglich
mich in dem Arm gewiegt.

Seit jenem Tag bin ich so froh,
mein Leben ist so bunt.
Ich liebe und ich werd' geliebt,
könnt singen Stund' um Stund'.

In einer lauen Sommernacht,
da hab ich ihn vermisst.
Kurz drauf erhielt ich den Bescheid,
dass er gestorben ist.

Seitdem bin ich verzagt, beschwert.
Mein Leben: grau, entleert.
Mein frohes Herz, es brach entzwei,
mir ist jetzt alles einerlei
seit dieser Sommernacht.

***

Alle meine Knochen

frei nach „Alle meine Entchen", 18./19. Jahrhundert

Alle meine Knochen
tuen mir so weh,
tuen mir so weh.
Dann nehme ich ein Pulver,
wenn ich schlafen geh'.

Alle meine Muskeln
reißen und tun weh,
reißen und tun weh.
Da mache ich Gymnastik,
damit ich grade steh'.

Alle meine Finger
sind steif und tuen weh,
sind steif und tuen weh.
Ich mache Fingerübungen,
damit ich wieder näh.

Alle meine Augen
tränen und tun weh,
tränen und tun weh.
Da nehm' ich Augentropfen,
damit ich wieder seh'.

Alle meine Zähne
pochen und tun weh,
pochen und tun weh.
Ich lasse sie mir ziehen
und trinke Milch und Tee.

Und mein einzig's Köpfchen
klopft und tut mir weh,
klopft und tut mir weh.
Da trinke ich ein Tröpfchen
und singe Dulilöö.

Mein Schatz

Ich will dich seh'n,
ich will dich fühlen,
will in deinen grauen Haaren wühlen,
will Händchen haltend mit dir geh'n.

Meine Sehnsucht nach dir
geht sehr mir zu Herze.
So alleine fühl' ich mich hier
wie ein Docht ganz ohne Kerze.

Ich will dich begreifen,
will nicht mehr nur skypen
will nicht mehr nur mailen,
will nicht mehr nur simsen,
will keine WhatsApp mehr schicken.
Das kannste knicken.

Drum schreibe ich hier
diesen Brief auf Papier,
so wie man früher Briefe schrieb:
Ich habe dich lieb!

Und auf das Papier
drücke ich noch zum Schluss
einen dicken, roten Kuss.
Auf einem Bildschirm
wäre das doch nur Stuss.

Du siehst nun, wie sehr ich dich like!
Ganz in Liebe grüßt dich Heike.

***

Memento mori

Wenn dir dein Alltag fade ist,
tagein tagaus der gleiche,
dann denkst du, wenn sportiv du bist,
die Langeweile weiche.

Und plötzlich, da versuchst du dich
extrem im Bungee Jumpen
und mit dem Skateboard drehst du dich
auf allen Riesenrampen.

Du tauchst im Meer beim Apnoesport
und reitest auf den Wogen.
Wie selbstverständlich bist du dort
mit Gleitschirm auch geflogen.

Fallschirmspringen, freies Klettern,
Klippensprung und Raftingtour,
mit Snowboard durch den Tiefschnee brettern,
kitzeln deine Nerven nur.

Um dich allen zu beweisen
trainierst du jetzt den Triathlon.
Willst es in Hawaii noch reißen -
mit sechzig: Denen zeig ich's schon!

Doch ich sage a priori:
Deine Jugend ist vorbei.
Lieber Freund: Memento mori!
September ist 's und nicht mehr Mai!

***

Das Getwitter

frei nach Gustav Schwab „Das Gewitter"

Uroma, Großmutter, Mutter und Kind
am Küchentische versammelt sind.
Sie haben ihr Smartphone fest in der Hand,
nur Twittern und Wischen sind interessant.
Im Becken steht von drei Tagen der Spül –
draußen wehen die Winde ganz schwül.

Das Kind sagt: Morgen ist Pokémon Tag.
Von morgens bis abends die Monster ich jag'.
Ich suche Pikachu in Tälern und Höh'n,
ich werde sogar auf den Bolleberg gehen.
Shiggy und Vulpix, ja die sind mir hold.
Mich juckt es doch nicht, wenn der Donner grollt.

Die Mutter spricht: Morgen ist Muttertag.
Ich werd' chatten und simsen solange ich mag.
Auch surfen werd' ich im Internet,
bei Amazon shoppen, liegend im Bett.
Handtaschen kauf' ich aus farbigem Gold.
Es ist noch so weit, wo der Donner grollt.

Großmutter spricht: Morgen ist Veggie Tag.
Gemüse ist 's nur noch, was ich vertrag.
Online bestell' ich im Bioladen,
einen Veggieburger mit Dinkelfladen.
Nun mit dem Rollator nach draußen sie rollt.
Der Donner kommt näher: Hört, wie es grollt.

Uroma spricht: Morgen ist Fernsehtach.
Dann schaue ich Kochshows, am liebsten mit Rach.
Ich twittere gerne mit Lanz und mit Jauch
und mit Donald Trump, da twitter ich auch.
Ich schreibe: Potus, dein Haar weht im Wind.
Seht ihr, wie nahe die Blitze schon sind?

Ein heftiger Schlag, ein gleißendes Licht.
Sie hören es gut, sie sehen 's ganz dicht.
Uroma, Großmutter, Mutter und Kind
von WLAN und Stromnetz getrennet nun sind.
Drum hat es sich jetzt ausgetwittert.
Das kann gescheh'n, wenn es gewittert.

Im Hamsterrad

Im Hamsterrad, wie unter Zwang,
so lauf' ich rund den ganzen Tag.
So lauf' ich schon jahrzehntelang
auch wenn ich gar nicht mag.

Ich renne schnell, dreh' wild am Rad,
bin völlig aus der Puste,
im Rade ist 's mir häufig fad,
oft bin ich krank und huste.

Ich dreh' das Rad schon lange Zeit,
komm' niemals weg vom Fleck,
bin stets parat und drehbereit,
wär' gerne auch mal weg.

Am Ende kriege ich den Dreh
und laufe durch die Welt;
am Rad zu dreh'n und stille steh'n,
ist nichts, was mir gefällt.

Mit letzter Tinte

Apropos GG

Hier sitze ich und druck' mit letzter Tinte –
und das ist wirklich keine Finte –
denn die Patrone, die ist leer.
Drum drucke ich ja auch nichts mehr.

Besser wäre es hienieden,
GG hätte es vermieden,
nur weil ihm die Finger jucken,
was im Kopf war, auszudrucken.

Hätt' er doch lieber Blech getrommelt,
was in den eig'nen Bart gebrommelt.
Man kann mit letzter Tinte schreiben,
doch besser ist 's, man lässt es bleiben.

Ich weiß: GG kann sich nicht wehren.
Für seine Trommel doch, werd' ich ihn stets verehren.

Früher und heute

Früher hat er gerne mit Bällchen gespielt,
hat mit den Kleinen getollt,
hat immer genau auf die Stelle gezielt,
auf die er pinkeln wollt'.

Laut hat er die Leute angeknurrt,
wenn ihm jemand nicht gepasst.
Hat ihn eine Katze an geschnurrt,
hat er nie zugefasst.

Früher war er richtig aktiv,
mein treuer Begleiter und Schatz,
aber niemals, wenn er schlief.
Heute: das Sofa sein Lieblingsplatz.

Heute hat er Zucker im Blut,
hat darum furchtbar viel Durst.
Gottlob frisst er noch ganz gut,
er liebt auch sein Stückchen Wurst.

Sein Gehör ist schon mau,
die Augen benetzt grauer Star,
der Schnauzer ganz grau.
Nichts ist mehr, wie es war.

Doch: Eins ist geblieben,
bei meinem Schatz, dem lieben:
Mit Hundeblicken schaut er mich an,
mein herzensguter Ehemann.

***

IKEA

Es bietet sich in unserm Leben
so manche schöne Stunde.
„Lasst zu IKEA uns begeben!"
Mama bringt diese Kunde

So fahren wir zum Möbelhaus,
dem größten in Europa,
Mama, Papa und Bruder Klaus
und unser alter Opa.

Mama, die ist vor Eifer rot,
Papa schaut ganz schön müd'.
Der Opa freut sich beinah tot,
weil er so vieles sieht.

Mama betrachtet ganz genau
fast jedes Möbelstück.
Doch Bruder Klaus ist ganz schön schlau
und rennt ganz flott zurück.

Und eins, zwei, drei, da sieht man ihn
im Bad der Bälle liegen.
Er tobt und kreischt und wirft sich hin,
kann nicht mehr ein sich kriegen.

Der Opa sitzt in der Kantin',
isst Köttbullar mit Fritten
und schaut ganz gerne einmal hin
auf Frau'n mit dicken Titten.

Mama kauft derweil kräftig ein,
viel Zeug zum Dekorieren.
Papa muss an der Kasse sein
Erspartes minimieren.

Mama berichtet uns dann stolz:
„Die Möbel liefert man nach Haus.
Sie sind aus echtem Kiefernholz.
Na, freust du dich, mein Klaus?"

Papa verliert nun die Geduld:
„Was soll'n wir mit dem ganzen Schei… ?!"
Mama sagt: „Schatz, du bist dran schuld.
Bald sind 's der Kinder drei."

Ohne Handy geht die Mandy niemals aus

frei nach „Ohne Krimi geht die Mimi nie ins Bett" von Bill Ramsey

Ohne Handy geht die Mandy niemals aus,
niemals aus,
niemals aus.
Ohne Handy findet Mandy alles trist,
weil *sie* nicht auf dem neusten Stande ist.

Jeden Abend lädt die Mandy ihren Handy Akku auf,
denn ganz ohne Apple I-Phone ist die Mandy nicht gut
          drauf.
Sie ist süchtig nach Getwitter und der aktuellen App.
Nein, ohne Instagram und Facebook wird die Mandy jeck.

Ich möchte essen, doch die Mandy will chatten.
Ich möchte essen, doch *sie* schreibt erst mit jedem Freund,
eine WhatsApp, eine E-Mail und ein Selfie obendrein;
auch Sprachnachrichten müssen immer ohne Ende sein.
Ich muss alles dieses hören, ob ich möchte oder nicht,
denn Rücksichtnahme, den Begriff, den kennt die Mandy
          nicht.

Ohne Handy geht die Mandy niemals aus,
niemals aus,
niemals aus. …
Ich kann nicht schlafen, denn die Mandy muss chatten
mit den Freunden, den netten, da skypt sie oft bis vier Uhr
          früh.

Ich muss zur Arbeit, muss was schaffen, doch im Kopf bin
ich nicht klar,
weil mit der Mandy wieder keine Nacht in Ruhe war.
Und dann nehme ich ein Kissen, drück 's der Mandy auf's
Gesicht,
nun schlaf' ich endlich wieder durch und Mandy stört mich
nicht.

Ohne Handy ging die Mandy niemals aus,
niemals aus,
niemals aus.
Mandy nervt den Petrus jetzt im Himmelreich,
doch das, das ist mir gleich.
Ohne Handy ging die Mandy niemals aus,
niemals aus,
niemals aus.
Mandy nervt den Petrus jetzt im Himmelreich,
doch das, das ist mir gleich.

Das Hobby oder Whodunnit?

Ich habe ein Hobby und das ist gefährlich,
es kostet ein paar hundert Leben jährlich.
Es werden Menschen erschlagen, erschossen,
erstochen, erdrosselt, mit Öl übergossen,
erstickt, zerstückelt, vergiftet, gehenkt
oder mit Dynamit ins Jenseits gesprengt.

Ich jage die Mörder der armen Geschöpfe
mit der Polizei renommiertesten Köpfe:
Mit Kluftinger, Rebus und Guido Brunetti
sammle ich die Indizien aus kleinstem Konfetti.
Mit Bodenstein, Lynley und auch dem Wallander
spür' ich die Verbrecher auf nacheinander.

Mit Detektiven von Weltrenommee
mach' ich sie dingfest bei Hitze und Schnee.
Mit der alten Miss Marple und Hercule Poirot,
sowie Sherlock Holmes und Philip Marlowe,
mit Lord Peter Wimsey und Nick Knatterton
finde ich sie auch tief im Beton.

Doch bei Håkan Nesser musste ich passen;
Der Mörder von Bertil, der war nicht zu fassen.
Kommissar Lindström konnt' ihn nicht greifen
Und so wird er weiter durch Schweden streifen.
Am Schluss sinkt ein Hammer tief in den See:
War der Werfer der Mörder? Ja oder nee?

Verwandlung

Eines Tages besah sie sich im Spiegel
und was sie sah, war wirklich schauderhaft.
Da half auch keine Schminke aus dem Tiegel,
denn ihr Körper war von Kopf bis Fuß erschlafft.

Man nannte sie, die Fine aus dem Selfkant,
den größten Trampel aus der westlichsten Region,
die ihren Trost gelegentlich im Alkohol fand.
Ihr einz'ger Halt, war ihr Gehöft mit Pension.

Fine wollte diesen Zustand schnellstens ändern
und verlor so manches Kilo fürderhin.
Sie hatte Vorbilder in andern fernen Ländern
so wie Grace Kelly, Garbo und die Marilyn.

So verkaufte Fine, wie das selten üblich,
ein paar Morgen allerbestes Ackerland.
Und sie fuhr zu einem Arzt ein wenig südlich
zur Korrektur des Körpers, den sie hässlich fand.

Der Doktor schuf ihr eine neue Nase
und straffte das Gesicht, die Brust, den Bauch.
Er spritzte Botox in die Lippen und in Phase
drei straffte er den Po am Ende auch.

Und obendrein ließ sie die Zähne weißen
und suchte eilends ihren Zahnarzt auf.
Nach Implantaten konnte sie auch wieder beißen.
Ihr Lächeln war wie weißer Perlen Lauf.

Am Schluss ging sie zu einem Spezialisten,
der färbte und frisierte neu ihr Haar.
Und bei einem supertollen Visagisten
wurde ihr Gesicht geschminkt ganz wunderbar.

Zu einem Sprechexperten ging sie, weil sie dachte,
dort verlör' sie bald ihr starkes Selfkantplatt.
Und wenn sie später ihren schönen Mund aufmachte,
war 's wirklich so, als ob sie 's nie gesprochen hat.

In einem Modehaus beriet man sie mit Freude,
was sie gut tragen kann mit Chic und ganz viel Charme.
Denn Kleider machen heute auch noch Leute
und ob man betrachtet wird als reich, als arm.

Und so kam sie ungefähr nach zwanzig Wochen
ganz still zurück nach Hause in den kleinen Ort.
Ihre Nachbarn haben sie nicht angesprochen,
denn sie dachten, ihre Fine sei noch fort.

Fine präsentierte sich ab jetzt als Dame
im Chanel Kostüm mit kupferrotem Haar.
Sie sah aus, als machte sie Reklame.
Jeder Mann war vor Erstaunen wirklich starr.

Und schließlich hatte Fine einen Gatten,
der war Landwirt, ja das ist doch sonnenklar.
Mit den Kindern, die sie durch den Gatten hatten,
lebten sie im Selfkant glücklich manches Jahr.

Doch die Frage, die ich hier am Ende stelle:
Bin ich als Modeltyp nur int'ressant und schön?
Ist es egal, ob ich ganz blöd bin oder helle,
um als Frau im Leben meinen Mann zu steh'n?

Sind es nicht eher doch die vielen inn'ren Werte,
die den Menschen zeichnen vor den andern aus?
Diese Werte, die ich immer stets verehrte?
Nur ein Barbiepüppchen sein, oh welch' ein Graus.

IV. Daheim und unterwegs

Gangelt

Die Kirche steht im Mittelpunkt
für Menschen, jedoch für den Hund
ist es der Baum, der alt und groß
am Marktplatz steht; ei, wie famos
's sind viele Leute drauf versessen
dort auf der Bank ein Eis zu essen.
Bei schönem Wetter – wahre Lust –
vertreibt ein Eis schnell allen Frust.
Und Wanderer, kommst du nach Ga,
dann siehst du dort den Spar-
gel blühn. Bis Sankt Johanni bleibt er steh'n,
doch niemals länger aus Verseh'n.
Auf diesem flachen Stückchen Erde,
da reitet mancher seine Pferde,
wenn nicht, dann treibt er andern Sport.
Und ab und zu entdeckt im Ort
man eine Hanfplantage dort.

Zwischen Rur und Wurm

Es blüht so herrlich gelb der Raps
und Weizenfelder wiegen.
Windräder drehen sich im Sturm
im Lande zwischen Rur und Wurm.

Auf Weiden friedlich grast das Vieh,
ist meistens schwarz und weißes.
Der Angler fischt nicht Karpfen nur
im Lande zwischen Wurm und Rur.

Es steht der Mais ganz schön und hoch,
Hanf wächst in seiner Mitten -
ja, lieber Leser, glaub es nur -
im Lande zwischen Wurm und Rur.

Im Herbst, wenn Jägers Büchse knallt,
dann kann man Hasen braten.
Der Falke jagt in Feld und Flur
im Lande zwischen Wurm und Rur.

Es stehen Mühlen da und dort.
Der Müller ist verschwunden.
Die Glocken läuten auf dem Turm
im Lande zwischen Rur und Wurm.

Der Mensch ist oft katholisch schlicht.
Die Landfrau strickt die Socken.
Die Landschaft, die ist eben nur
im Lande zwischen Wurm und Rur.

Und wenn man glaubt, es sei nichts los,
dann wird man sich da irren.
Denn es herrscht schließlich Landkultur
im Lande zwischen Wurm und Rur.

Man sitzt auf Stroh, man liegt im Gras,
die Mäuse spiel'n Verstecken.
Die Katzen haben Mordlust pur
im Lande zwischen Wurm und Rur.

Die Frösche hüpfen in die Seen.
Es krächzen Kräh'n und Raben.
Die Tauben gurr'n und scheißen stur
auf 's Rübenland bei Wurm und Rur.

Vollmond über Kraudorf

Heut' Nacht ist es nicht schwarz, nicht grau,
der Vollmond steht hell über Krau-
dorfs Gärten, Äckern, Wiesen.
Ein Glühwurm flimmert durch die Nacht,
Herr Alt schnarcht, dass die Schwarte kracht,
und manchmal muss er niesen.

Die Fledermäuse schwirren nun
um Mitternacht von Baum zu Baum,
so still und leis, man hört sie kaum;
ein Igel in den Buxbaumhecken
macht Jagd auf Spinnen und auf Schnecken.
Nachts ist nicht Zeit um aus zu ruh'n.
Im Teich die Fröschlein quaken
und schnappen nach den Schnaken.

Ein scheues Mondkalb aus dem Wald
tanzt unter 'm sternbedeckten Zelt,
und langsam nähert sich gar bald
noch manches Mondkalb, dem 's gefällt.
Sie tanzen ganz im Schweigen
dort in dem Feld, dem feuchten,
zur Paarung einen Reigen,
die blauen Augen leuchten.

Ein Einhorn schaut das Treiben an,
ein Troll macht einen Spaß,
die Elfen blinzeln dann und wann,
der Phönix sitzt im kühlen Gras.
Ein Kobold stiehlt diskret die Asche
dem Phönix aus der Federtasche.
Ein alter, kleiner Wichtelmann
fängt nun ganz leis' zu singen an.

Die Uhr schlägt eins, es ist so weit:
Der Zauber ist vorbei.
Ein Uhu ruft, ein Käuzchen schreit.
Die Unke unkt bis viertel zwei.
Der Vollmond gähnt,
sein Auge tränt.
Er zieht 'ne Wolke vor 's Gesicht,
man sieht die Hand vor Augen nicht.

Ganz Kraudorf liegt im Dunkeln
nur noch die Sternlein funkeln.
Und Herr Alt, der schnarcht noch immer
in seinem kleinen Ruhezimmer,
hat von dem Zauber und der Pracht
nichts mitgekriegt in dieser Nacht.

Elfchen

Nr. 1

Mord
passiert häufiger
als man denkt,
fällt oft nicht auf.
Fehldiagnose

Nr. 2

Humor
ist lebensnotwendig,
befreit die Seele
von bedrückenden, alltäglichen Sorgen.
Unverzichtbar

Nr. 3

Rübenland,
weiter Blick,
scheinbar sehr idyllisch,
die Spitze im Westen.
Haschischplantagen

Nr. 4

Häschen
inner Grube
saß und schlief,
weshalb es abgebaggert wurde.
Erkelenz

Nr. 5

Gangelt:
Maria Hilf
Alten, Kranken und
der Via Nobis Gruppe!
Amen

Nr. 6

Schüsse
tönen laut
in der Nacht.
Zwei Banden bekriegen sich.
Gangelt

Nr. 7

Grenzgebiet,
westlichster Punkt.
Adler, Eisdiele, ansonsten:
Im Westen nichts Neues.
Selfkant

Nr. 8

Wanderer,
kommst du
nach Übach-Palenberg,
schau die Klangbrücke an:
skandalumwittert.

Am Weiher

Ich saß auf einer braunen Bank
und schaute, wie ein Reiher lang
ganz still im grünen Wasser weilte
und einen Fisch zu fangen eilte.

Ein Schwarm von Enten zog vorbei,
zwei weiße waren auch dabei,
drei gründelten im grünen See
mit ihren Schwänzchen in der Höh'.

Und oben durch der Bäume Wipfel
erschien ein blauer Himmelszipfel.
Zwei Wildganspaare - zwei ganz freche -
kreischten auf der Wasserfläche.

Durch diesen Krach und das Gekreisch
sprangen drei Fröschlein in den Teich.
Zwei Kröten tauchten schnellstens ab,
dürre Blätter fielen ins Wasser hinab.

Die Sonne sandte sanften Schein,
tauchte die Strahlen ins Wasser ein.
Die saftigen Bäume wiegten sich leise,
die Vögel sangen ihre Weise.

Und als ich sah auf das goldene Band,
ich eine friedliche Freude empfand.
Die Kraft, die strömt aus der Natur,
ist für die Seele Balsam pur.

***

Babyboom

Der Chef in einem Krankenhaus
zog gerne Krankenschwestern aus
so zwischendurch ganz auf die Schnelle
drin in der Krankenhauskapelle.
Die Oberschwester ließ ihn kalt,
die war um einiges zu alt.

Nach der bekannten Tragezeit
war es endlich dann soweit;
die Schwestern kamen alle nieder:
Elke, Anke, Wenke, Frieda.
So brachte Chef Professor Jung
die Babystation in Schwung.

Geschichte in Limericks

Ein Mädchen aus Ennigerloh
bedurfte des Geldes en gros.
Denn sie rauchte gern Shit.
Die Mama rauchte mit,
doch aus Angst vor dem Mann auf dem Klo.

Beide war'n dann im Kopf nicht mehr klar.
Das merkte bald auch der Papa.
Sprach: „Woher in der Welt
habt für den Stoff ihr das Geld?
Tanzt ihr heimlich in einer Bar?"

Das Mädchen gestand unumwunden:
„Ich hab 's in der Garage gefunden."
Der Vater wurd' gleich
vor Schrecken ganz bleich.
Sprach: „Ich druckt' es in nächtlichen Stunden."

Dadurch flog der Schwindel dann auf.
Justitia nahm ihren Lauf.
Doch der Richter war pleite,
nahm den Vater beiseite.
Nun drucken sie Blüten zu Hauf.

Echo

Ein Tourist am Königssee
fährt mit der weißen Flotte
hinüber nach Sankt Barth'lomä,
er möchte rauf zur Grotte.

Der See ist grün, das Wasser klar,
der Bootsmann hält und mit Verstand
trompetet er ganz wunderbar
hoch an die Felsenwand.

Und auf dem Boot der Passagier,
der wartet auf den Widerhall,
allein, es gibt kein Echo hier.
Das war bisher noch nie der Fall.

Der Fährmann stößt erneut ins Horn
und wieder bleibt es still.
Und alles noch einmal von vorn,
da ruft der Fährmann schrill:

„Echo, ich weiß mir keinen Rat!
Stets ertöntest du zurück."
Da rührt sich's auf dem Felsengrat
und er bewegt sich Stück für Stück.

Und König Watzmann donnert laut:
„Mann, hast du es denn nicht gerafft?
Der Nation hat es gegraut,
ihr habt das Echo abgeschafft.

Denn wenn Rapper, diese Deppen,
Kollegah und auch Farid Bang
zu so schlechten Texten rappen,
dann ist das der Untergang.
Und für so 'nen derben Scheiß
verdient man – ehrlich - keinen Preis."

Vom Donner sind sie all' gerührt,
der Kapitän fasst Mut und spricht:
„Mein König, Achtung Euch gebührt,
doch verwechselt Ihr das nicht?
Der Echo wurde abschafft,
das Echo nicht hinweg gerafft."

Der König sagt: „Wie dem auch sei,
ob der, ob das, wen int'ressiert 's?
Echo ist fort, es bleibt dabei.
Und ich hab meine Ruh', kapiert 's?
Denn das Trompeten und Krakelen
schlägt mir auf meine Kronjuwelen."

Er spricht 's, begibt sich dann zur Ruh'.
Die Passagiere schauen zu,
bis einer ruft: „Is' alles Wurscht!
Geh' weiter, i hab' jetzt an Durscht."
Und so fahr'n sie nach dem Schmäh
hinüber nach Sankt Barth'lomä.

***

Ich war einmal

Ich schwamm im Meer, das warm und klar,
bis hin zu einem Rochen.
Ich kam dem großen Tier zu nah,
da hat es zugestochen.

Doch das war fatal.
Jetzt war ich einmal.

Urlaub am Roten Meer

Weiße Segel, blaues Meer,
Himmel – blauer geht 's nicht mehr,
kleine Wellen an dem Strand,
Korallenriffe, weißer Sand,
warmes Wetter, Palmenbäume
toppen alle Urlaubsträume.
Und ich liege hier und frage,
ob ich das verdient wohl habe.

***

Ende eines Helden

Es kämpfte einst ein Matador
mit vielen starken Stieren.
Er kam sich stolz und ruhmreich vor,
wenn Blut floss aus den Tieren.

Er quälte die gehörnten Geschöpfe,
mit Lanzen, Spießen und Degen.
„Olé, olé!" Die Zuschauerköpfe
riefen 's dem Kämpfer entgegen.

Ein Stier hat ihm den Ruhm vermiest,
hat den Torero aufgespießt.

Sonnenuntergang am Sinai

Wenn die Sonne untergeht,
taucht sie die Berge ins Rot.
Es wird ganz still, kein Lüftchen weht,
der Strand ist jetzt wie tot.

Wenn die Sonne untergeht
schimmert weiß-silbern das Meer.
Ein rötlich-grauer Dunst entsteht;
weit schauen fällt jetzt schwer.

Wenn die Sonne nieder sinkt,
in Kürze ist 's vollbracht,
ein strahlend heller Tag noch winkt,
dann bricht herein die Nacht.

***

Impressionen einer Rundreise

Viele Felder, Mausoleen,
Feigenkaktus und Moscheen,
Minarette – stets quadratisch –
Störche nisten automatisch.
Schafe, Ziegen, Eselskarren,
Händler, die im Schatten harren,

musst du zahlen mit Dirham.
Schwitzen kannst du im Hamam.
Muezzin und auch Mimosen,
Kaftan, Schleier, weite Hosen,
Kasbah, Souks und auch Bazare,
hin und wieder Dromedare,
überall Olivenhaine,
manchmal Reben für die Weine.
Rif und Atlas, großer, kleiner,
Meer und Wüstensand, ganz feiner,
Agadir und weiter Strand
Zieh'n Touristen in das Land.
Römerstadt Volubilis
kennst du jetzt für 's nächste Quiz.
Mandelbäume, Dattelpalmen,
oft siehst du Tajine qualmen.
Köfte, Falafel, Couscous,
Fladenbrote mit Hummus
kannst du dir dort einverleiben,
denn du musst nicht hungrig bleiben.
Marrakesch und Casablanca,
Fez, Rabat, im Norden Tanger,
Königsstädte, Volksgemisch,
Bettler bitten um Bakschisch.
Ganz egal, wohin man fährt,
wird der König hoch verehrt.
Obst, Gemüse allerorten,
viele wilde Blumensorten,
ab und zu mal ein Schirokko:
Dieses Land, es heißt Marokko.

Psychotherapie in Wien

Ihr Vater säuft, bald wird er sterben,
sie wird nur seine Schulden erben.
Da fährt sie in den Prater
anstatt zum Psychiater.

Jetzt traut sie sich, doch nur auf Pump,
ihr Mann, das ist ein Haderlump.
Da fährt sie in den Prater
anstatt zum Psychiater.

Als ihr Baby ward geboren,
hat ihre Stelle sie verloren.
Da fährt sie in den Prater
anstatt zum Psychiater.

Ihr Mann hat kürzlich sie verlassen,
jetzt herrscht Ebbe in den Kassen.
Da fährt in den Prater
anstatt zum Psychiater.

Ihr neuer Mann, oh lieber Gott,
entpuppt sich schnell als ein Falott[1].
Da fährt sie in den Prater
anstatt zum Psychiater.

---

[1] Gauner, Spitzbube

Sie denkt, es gebe auch mal Schonung,
doch dann verliert sie ihre Wohnung.
Da fährt sie in den Prater
anstatt zum Psychiater.

Jetzt ist sie völlig auf dem Hund,
auch ist sie nicht mehr ganz gesund.
Da fährt sie in den Prater
anstatt zum Psychiater.

Ihr dritter Mann gibt ihr a Watschen[2],
sie fliegt hinaus auf die Pawlatschen[3].
Da fährt sie in den Prater
anstatt zum Psychiater.

Am Ende ist sie ganz marod,
denkt schließlich nur noch an den Tod.
Da fährt sie in den Prater
anstatt zum Psychiater.

Als erstes geht die Kati
dann hin zum Calafati[4],
erzählt ihm ihre Sorgen,
dort bleiben sie verborgen.

---

[2] Ohrfeige
[3] offener Gang an der Hofseite eines Wiener Hauses
[4] riesengroße Holzfigur im Prater, Wahrzeichen des Wurschtelpraters

Nun fährt sie mit dem Riesenrad
und schaut hinunter auf die Stadt,
sieht wie die Donau fließt durch Wien
und die Probleme schwinden hin.

Von oben wirken sie so klein
und können nicht bedrückend sein.
Und so ersetzt der Prater
bei Kati den Psychiater.

***

Urlaub am Strand

Menschen liegen still auf Liegen,
wollen sehr viel Sonne kriegen.
In der Hitze braten sie
wie am Grill das Federvieh.

Und dann schaut man auf die Leiber:
alte, dicke, dünne Weiber.
Mancher Mann ist sehr behaart,
schaut aus wie ein Bodyguard.
Andere, die sind zumalen
frisch gewachst wie Apfelschalen.

Piercings sieht man – oh, welchen Grauen,
oft an Nasen, Lippen, Brauen,
Tunnel auch in jedem Ohre,
Löcher groß wie Abflussrohre.

Ich versteh' nicht mehr die Welt,
weil sich mancher sehr entstellt:
Denn auf Armen, Brust und Beinen
- ach, im Grunde ist 's zum Weinen -
und am Halse findest du
häufig mehr als ein Tattoo.

Oftmals habe ich gestiert,
weil der Körper illustriert
wie ansonsten die Gazetten.
Sind die Menschen noch zu retten?

Doch von Ferne zwinkert schon
das maligne Melanom.
Und man steigt dann gar nicht triste
dekoriert halt in die Kiste.

V. Nicht nur zur Sommerzeit

Der vergessliche Hase

Ein Hase hoppelt über 's Feld
und durch der Menschen Gartenwelt,
vorbei an Primeln, Osterglocken
und wo an Weiden Kätzchen hocken.
Da schnuppert er die Frühlingsluft,
erfüllt von Hyazinthenduft.

Altmeister Lampe macht nun Pause,
frisst etwas Grün als kleine Jause.
Die Löffel hat er gut gespitzt,
wenn er bei seinem Mahle sitzt.
Er hat auch einen Korb dabei
mit eierbuntem Allerlei.

Warum er diesen Korb nur trage,
stellt er sich insgeheim die Frage.
In Dorfes Mitte angekommen,
hat auf dem Markt er Platz genommen
und liest dort auf diversen Postern:
Ei, letzte Woche war ja Ostern!

Die Löffel nun geknickt und schlapp,
die hängen ihm am Kopf herab.
Jetzt wird dem Hasen plötzlich klar,
wofür der Korb mit Eiern war.
Der Mümmelmann nun leise flennt,
denn er hat Ostern glatt verpennt.
Sag, ist der Hase wohl dement?

Huhn oder Ei

Ein Lehrer steht am Gartenzaun,
sieht wie zwei Schüler Hühner klau'n.
„Ei", denkt der Mann, „euch krieg ich schon!
Euch Bengeln geb' ich 'ne Lektion!"

Am nächsten Tag im Unterricht
der Lehrer zu den Schülern spricht:
„Wer kann erklären mir denn nun,
was gab 's zuerst: Ei oder Huhn?"
Die Schüler rätseln vor sich hin,
frei von Ideen ist ihr Sinn.

Da sagt der Lehrer: „Lieber Kai,
du kennst doch die Antwort: Huhn oder Ei?"
„Wieso gerade ich, Herr Meier?
Ich denke selten nach über Eier."

„Ich sah dich gestern hinter den Büschen
mit Bauer Hähnleins Hühnern entwischen.
Ich dachte, das diene nur dem Bestreben,
mir für diese Frage die Lösung zu geben."

Kai Kuhfeld fühlt sich jetzt ertappt,
stammelt: „Das hab' ich nicht vorgehabt."
„Nun", so spricht der Lehrer Meier,
„du wolltest erforschen nicht Hühner und Eier,
dann sollte ich wohl Hannes fragen,
denn der half dir die Hühner tragen."

Doch Hannes Hirsch ist auch schockiert,
er hatte mitnichten die Hühner studiert.
Die beiden Jungen stehen da,
rot im Gesicht bis hinauf in die Haar.

„Nun da ihr keine Studien treibt,
euch gar nichts weiter übrig bleibt,
als gleich heute Mittag zum Bauern zu geh'n,
die Entführung der Hühner zu gesteh'n."

Und so schleichen diese bösen Jungen
am Nachmittage notgedrungen
hin zu des Bauern Hähnleins Stalle,
zurück zu bringen die Hühner alle.

Der Bauer war schon furchtbar sauer
und lag deswegen auf der Lauer,
die dreisten Diebe aufzuspüren
und sie zum Schutzmann abzuführen.

Als nun erscheinen diese Sünder
und Hähnlein sieht, es sind zwei Kinder,
denkt er sich aus, so eins, zwei, drei,
die Strafe für die Dieberei.

„Die nächsten Jahr' zur Osterzeit
zum Eierfärben seid bereit!
Ich färb' zum Fest stets tausend Stück.
Ihr helft dabei, 's gibt kein Zurück."

Seither steh'n stets zur Osterzeit
der Hannes und Kai zum Färben bereit.
Die Knaben färben Ei nach Ei
und brüten, was die Lösung sei:
Was gab 's zuerst: Huhn oder Ei?

***

Haikus

Nr. 1

Ein Star auf dem First
singt in der Abendstille:
lindert Seelenpein.

Nr. 2

Graugänse am See
fliegen in ferne Länder,
bringen meinen Gruß.

Nr. 3

Sonnenschein wärmt mich,
streichelt sanft meinen Körper.
Zu viel? Sonnenbrand.

Nr. 4

Liebesgeflüster
auf einer Parkbank in Wien:
himmlisches Gefühl.

Nr. 5

Morgennebelgrau
liegt auf Feldern und Wäldern
wie ein Leichentuch.

Nr. 6

Am Tagesende:
Brennroter Abendhimmel
lässt die Welt leuchten.

Nr. 7

Die Wellen des Meeres
rauschen, brausen, tosen:
mein Seelenspiegel.

Nr. 8

Es streicheln mich leicht
Sonnenstrahlen am Morgen.
Ein Tag begrüßt mich.

Nr. 9

Wolken, dick und grau,
ziehen langsam am Himmel,
schenken uns Regen.

Nr. 10

Wenn Vögel sterben,
wenn Bienen nicht mehr summen,
ist das Ende nah.

Hitze

Achtunddreißig Grad – ich schwitze
in der großen Affenhitze,
kann den Appetit gut zügeln,
doch muss Herrenhemden bügeln.
Wenn ich bügle hin und her,
werden mir die Lider schwer.
Lieber möchte ich mich legen,
Augen und den Körper pflegen.
Oh,- mein Kreislauf, der macht schlapp,
drum ziehe ich auf's Sofa ab.

Und dort träume ich von Regen,
denn der Regen, der bringt Segen
Menschen, Tieren, der Natur,
allerdings in Maßen nur:
nicht zu viel und nicht zu heftig,
aber lange, mäßig kräftig,
denn Wälder, Felder, Blumen, Hopfen
sehnen sich nach Regentropfen.
Und ich träume: Es wird kühler
und auch nicht mehr ständig schwüler.

Ja, das träum' ich vor mich hin.
Ob ich wohl eine Traumfrau bin?

Sommersehnsucht

Die Sommersonne sticht hernieder,
auf meiner weißen Haut perlt Schweiß.
Die schwüle Hitze lähmt mich wieder,
wie schön wär' jetzt ein Erdbeereis.

Ein Eis mit vielen frischen Früchten,
so saftig, rot und zuckersüß,
gehört zu meinen liebsten Süchten,
es hat etwas von Paradies.

***

Herbsteszeit

Stoppelfelder weit und breit,
Laubfall, Zuckerrübenzeit.
Vögel sammeln sich in Scharen,
für den Flug nach Afrika.
Alljährlich gibt es dies Gebaren.
Das kündet an: Der Herbst ist da.

Am Himmel sieht man oft auch hier
viel großes anderes Getier.
Im Winde wiegen Drachen sich
mit lustig bunten Schweifen,
sie stehen still, gelegentlich,
und manchmal dreh'n sie Schleifen.

Und Jagdzeit ist' s, es geht auf Füchse,
der Jäger schultert schon die Büchse.
Die Stürme und der Nieselregen,
die sind wirklich kein Pläsier;
magst draußen dich gar nicht bewegen,
dein Dackel bellt: Spazier' mit mir!

Federweißer, Zwiebelkuchen,
Eicheln und Maronen suchen,
Drachen steigen, Felder stoppeln,
Hasen durch das Fallobst hoppeln.
Man pflückt die Trauben landesweit.
Dann weißt du: Es ist Herbsteszeit.

Das Blatt

Ein Blatt, tiefrot, schon etwas braun,
hängt hoch an einem Ahornbaum.
Es hängt recht einsam an dem Ort,
fast alle Freunde sind schon fort.

Der Wind, er rüttelt 's hin und her,
sich festzuhalten fällt ihm schwer.
Da fall'n fünf Freunde auf den Boden,
doch dieses Blatt, es ist noch oben.

Es ist jetzt oben ganz allein,
wird depressiv, denn es ist ein-
sam in dem großen, kahlen Baum.
Ist sterbenskrank, welch' Schreckenstraum.

Jetzt bläst ein Windstoß ins Geäst,
das gibt dem roten Blatt den Rest.
Es segelt auf die Erde nieder
und trifft dort seine Freunde wieder.

Gemeinsam trocknet nun das Laub
und zerfällt zu feinstem Staub.
Der Baum ruht bis zum nächsten Jahr,
dann sind auch wieder Blätter da.

Novembertod

Man stirbt so gerne im November,
's ist diesig, kalt und neblig grau.
Man stirbt so gerne im November
und friert sich alle Knochen blau.

Man stirbt so gerne im November
mit seinen ganzen Totentagen.
Man stirbt so gerne im November,
hat Lieb' und Leben zu beklagen.

Man stirbt so gerne im November,
wenn Stürme rütteln kahle Bäume.
Man stirbt so gerne im November,
des Nachts ich oft vom Tode träume.

Man stirbt so gerne im November,
wenn Blitze zucken, Donner kracht.
Man stirbt so gerne im November
in einer schaurig dunklen Nacht.

Man stirbt so gerne im November,
ein Lichtstrahl mich von fern erreicht,
der meine Seele wohlig streicht;
dann sterb' ich gerne im November.
Genug der Traurigkeit – es reicht.

Der Heilige Abend

Es steht daheim in einem Raum
ein wunderschöner Weihnachtsbaum,
der doch real nicht existiert,
wird in drei D nur projiziert.
Es leuchten Kugeln, Kerzen, Sterne
gleich einer Nova aus der Ferne.
Auch wird ein wenig Tannenduft
ins Zimmer schnell hinein gepufft,
ganz maschinell, wie sich 's gehört;
ein echter Tannenzweig, der stört.
Die Oma, animiert, stellt frisch
den Googlehupf jetzt auf den Tisch.
Die Kinder haben in der Nacht
das letzte Window aufgemacht
im Internetadventskalender
von Zuckerberg, dem edlen Spender.
Sie schau'n gespannt nun auf den Baum:
Erfüllt sich ihr Geschenketraum?
Mit Tablet, I-Phone wird behänd
schnell die Geschenke-App gescannt.
Dann kämpfen sie bis nachts um vier
im Spiel mit scheußlichem Getier.
Computerglocken blechern klingen,
die Chöre in der Glotze singen.
Nur der reale Hund, der bellt
in dieser virtuellen Welt.
Ob ihm die Weihnacht so gefällt?

Advent 2015

Wir sagen euch an, den lieben Advent.
Sehet, das erste Flüchtlingsheim brennt!
Wir sagen euch an eine schreckliche Zeit.
Der Pöbel macht sich die Wege bereit!
Fragt euch, ihr Christen!
Fraget euch dann:
Hätte der Herr seine Freude daran?

Wir sagen euch an, den lieben Advent.
Sehet, das zweite Flüchtlingsheim brennt!
So nehmen die Rechten die andern nicht an,
schrei'n braune Parolen und feinden sie an.
Schämt euch, ihr Christen!
Schämet euch sehr!
Würde das wollen der Herr?

Wir sagen euch an, den lieben Advent.
Sehet, das dritte Flüchtlingsheim brennt!
Der Mob im Osten benimmt sich wie Schwein!
Spuckt, pöbelt und prügelt auf Flüchtlinge ein.
Denkt an das Credo!
Denket daran.
So hat es der Herr euch nicht vor getan.

Wir sagen euch an, den lieben Advent.
Sehet, das vierte Flüchtlingsheim brennt!
Menschen, steht auf und schaut da nicht zu!
Tretet entgegen und gebt keine Ruh'.
Denkt nur, ihr Christen!
Denket daran:
Was hätte Jesus denn damals getan?

***

Knecht Ruprecht anno 2016

Aus Radevormwalde komm' ich her,
ich komme vom Jagen und das ist sehr schwer.
Denn auf den Haus- und Tannenspitzen
da sah ich Pokémone sitzen.
Und droben aus dem Himmelstor
sah mit großen Augen Pikachu hervor.
Und als ich so jagte Bisasam,
da rief er mit heller Stimme mich an:
„Knecht Ruprecht, hey du alter Greis,
hebe die Beine und mach' keinen Scheiß.
E-Kerzen fangen zu brennen an,
der Hot Spot, der ist aufgetan.
Doch Kids und Alte sollen nun
von der Jagd auf Monster einmal ruh'n.

Und morgen hüpf' ich hinab zur Erden,
denn es soll endlich Weihnachten werden."
Ich sprach: „Pikachu, red' keinen Mist,
meine Reise fast zu Ende ist.
Ich muss nur noch in diese Stadt,
wo 's viele Pokémone hat."
„Hast denn das I-Phone auch bei dir?"
Ich sprach: „Das I-Phone, das ist hier.
Denn WhatsApp und Pokémon Go
machen alle Kinder froh."
„Hast denn dein WLAN auch bei dir?"
Ich sprach: „Mein WLAN, das ist hier.
Doch wenn die Kids nicht Arktos finden,
werd' ich mich auch nicht weiter schinden."
Pikachu sprach: „Das ist okay.
Such Schiggy noch und go away."
Aus Radevormwalde komm ich her,
die Pokémonjagd, die ist superschwer.

Nun sagt, wie ihr Knecht Ruprecht find'.
Ich glaub, der alte Mann, der spinnt.

Geflügelte Weihnachten

Heuer, pünktlich vor dem Fest,
als die Weihnachtswochen nahten,
befiel uns die Geflügelpest;
drum hört man den Minister raten:
Hühner, Puten, Gänse, Enten
gehören hier und überall
ohne weit're Fis'matenten
eingesperrt in einen Stall.
Doch in der weihnachtlichen Zeit
sind Gottes Himmelsboten
all überall und flugbereit,
schau'n von Bäumen, Dächern, Schloten
auf die gesamte Christenheit,
schweben über Tal und Hügel
unter Tag und in der Nacht.
Doch Engel sind ja auch Geflügel,
gefährdet durch H5 N8.
Hat der Minister das bedacht?

Panne bei der Schlittenpost

Rentier Rudolf hat mitnichten
oft vergessen seine Pflichten,
bis unlängst er im Walde fand
den allerschönsten Glühweinstand.
Er hat am Glühwein erst gerochen,
danach ihm heftig zugesprochen.
Er sich mit vielen Bechern mühte,
bis dass die Rentiernase glühte.
Der Weihnachtself war sehr schockiert,
hat Santa Claus drum alarmiert.
Als Santa kam, besah er sich
die Glühweinleiche – fürchterlich -
und konstatierte frank und frei,
dass der nicht schlittentauglich sei.

Und er verordnete ihm pur
die schlimmste Ren-Ernücht'rungskur.
Dem Zeitungstroll war das suspekt
und hat 's der BILD Zeitung gesteckt.
Der BILD Reporter schrieb betroffen:
Rentier Rudolf sturzbesoffen!
Ist durch Santa neu geerdet.
Heilig Abend nicht gefährdet.
Santa schickt die Päckchen schon
meistens über AMAZON.

Rentier Rudolf

Rentier Rudolf stolpert leise
durch den weiß geflockten Schnee,
und er hebt auf Rentierweise
seinen Kopf weit in die Höh.

Glühwein strömt aus seinen Nüstern,
denn der Rudolf hat getankt.
Tännchen nur erschrocken flüstern,
weil das Rentier schrecklich schwankt.

Doch ein Troll sagt unbetroffen:
„Rudolf, du bist stockbesoffen.
Deine Nase, welcher Hohn,
leuchtet roter als der Mohn."

Rudolf schaut ganz stark belämmert,
als ein Schlitten langsam naht,
weil ihm endlich leise dämmert,
dass er eine Arbeit hat.

Santa Claus lenkt diesen Schlitten,
zornig er vor Rudolf hält.
„Das Gespann geht in die Fritten,
wenn ein Tier zum Ziehen fehlt!

Kinder warten auf die Gaben,
die sie sich so sehr ersehnt,
doch ich kann nur langsam traben,
Rentier Rudolf schwankt und gähnt."

Leise kullert Trän' um Träne
Rentier Rudolf ins Gesicht.
Flüstert. „Oh, wie ich mich schäme,
künftig übe ich Verzicht."

Santa Claus, ganz in Ekstase,
spricht: „Die Reue, die ist fein.
Doch die glühend rote Nase
soll nun dein Markenzeichen sein."

Weihnachtszeit

Wenn Winterwinde wieder wehen,
kriecht mir Kälte in den Leib,
kalt sind immer meine Zehen,
Glühwein: Rettungszeitvertreib.

Und mit meiner roten Nase,
die der von Rentier Rudolf gleicht,
hebe ich erneut das Glase,
bis die Kälte aus mir weicht.

Leicht beschwingt, mit frohem Schritte,
gehe ich entlang am Weiher,
wie es Brauch nach alter Sitte,
zu der nächsten Weihnachtsfeier.

Es ist Feier Nummer achte,
ich werd' langsam kugelrund.
Bei der Fünf die Waage krachte;
zu viel ist halt ungesund.

Doch ich fühle mich gezwungen,
keine Feier auszulassen.
Oft geh' ich nur notgedrungen,
habe Angst, was zu verpassen.

Dieses war die letzte Feier.
„Frohe Weihnacht! Guten Rutsch!",
wünsche ich noch schnell Herrn Meier.
Meine schlanke Linie: futsch!

Fasten, bis die Pfunde fallen.
Dieses dauert fast ein Jahr.
Doch dann gehe ich zu allen
Feiern wie im letzten Jahr.

***

Zum Jahreswechsel

Das alte Jahr geht nun zu Ende.
Was hat es allen uns gebracht?
Viel Kriege, Streiks und Katastrophen,
Verbrechen oft in dunkler Nacht.

Doch wollen wir nicht immer klagen.
Oft hab'n wir uns gefreut, gelacht,
so, als die deutschen Spitzensportler
Medaillen uns nach Haus gebracht.

Was wird das neue Jahr uns bringen -
soziale Kälte, kalten Krieg?
Wir woll'n nicht nur von Freiheit singen,
wir wünschen auch der Freiheit Sieg.

Wir wünschen keine braune Soße,
die sich ergießt über das Land,
damit dadurch das Ganze, Große,
was aufgebaut, dann wird zuschand'.

Den Menschen Freiheit, Glück und Frieden
von Grönland bis zum Südseestrand.
Wir wünschen uns ein gutes Klima
in unser aller Vaterland.

Das alte Jahr geht nun zu Ende,
wir hoffen auf ein neues Glück.
Wir streben hin zu neuen Ufern
und blicken vorwärts, nicht zurück.

Das alte Jahr geht nun zu Ende,
wir sagen ihm nun schnell Adieu,
erhoffen eine gute Wende.
Servus! Bye bye! Hab Dank! Und: Tschö!

VI. Spielereien mit Sprache

Besuch am Brocken

Ich würd' gern auf dem Brocken rocken,
egal, ob 's regnet, ob es trocken.
Sehr gerne wär' ich Trockenrocker,
wenn 's nötig wär', auch Regenhocker.

Doch dann bekäm' ich feuchte Socken
und außerdem noch nasse Locken.
Die Influenza müsst' ich blocken
mit Teebaumöl und Artischocken.

Doch das wär' besser als in Wacken
mit Ält'ren, oft in Regenjacken,
und jungem Volk, zum Teil auch Spacken,
bei Heavy Metal zu entschlacken.

Ich könnt' auch auf dem Brocken zocken
um Schmuck, um 's Haus und auch um Flocken.
Doch so ein alter Brockenzocker,
riss' die Experten nicht vom Hocker.

Doch Achtung vor den Pneumokokken,
die oft so um den Brocken flocken!
Hast du erst Pneumonie und Pocken,
dann hörst du bald die Totenglocken.

Drum werde ich auch gar nicht bocken
und esse brav die Haferflocken.
Dann bin ich Haferflockenrocker
und zudem Brockentrockenzocker.

***

Hebamme Emma

Es steckt zurzeit Hebamme Emma
so richtig tief drin im Dilemma.
Denn als ein Baby ward geboren,
hat sie dabei ihr Heb verloren.

Im Fundbüro hat sie gefragt
und den Verlust auch sehr beklagt.
Doch auch nach Wochen, Tagen, Stunden
hat niemand mehr ihr Heb gefunden.

Jetzt ist die Emma nur noch Amme,
zwei Knaben, richtig dicke, stramme
nährt sie nun an ihrer Brust.
Ganz ohne Heb, ist das ein Frust!

Sie kann in diesen schweren Zeiten
kaum ihren Unterhalt bestreiten.
Da bieten an ihr die Hebriden:
„Nimm unser Heb und sei zufrieden."

Auch ein Hebräer eilt herbei;
„Mein Heb ist dein, ich bin so frei."
Die Amme Emma ist gerührt,
doch lehnt sie ab, da sie 's geniert.

„Ihr seid nur Räer dann und Riden.
Das hätte ich doch gern vermieden."
Nun betet Emma ungestört
und dies der alte Storch jetzt hört.

Der Klapperstorch, schon in Pension,
denkt: „Helfen kann ich ihr da schon."
Er kreist von oben und entdeckt,
das Heb, das in 'ner Windel steckt.

Die Höschenwindel ist benutzt
und deshalb auch recht stark verschmutzt.
Er zieht das Heb ganz schnell heraus,
wäscht flott es in der Wupper aus.

Dann lässt er es aus seinen Krallen
der Emma vor die Füße fallen.
Und darum steckt Hebamme Emma
seit Neustem nicht mehr im Dilemma

Leitfaden zur Heimsuchung

eine deutsch-englische Co-Produktion

If you are married or alone
and you look for a sweet home,
I will you a Tipp schnell give
where or better not to live.
So many towns in Germany,
so look where is your Heim to be.

So is it wirklich a great honour
to be or not to be a Bonner?

If you are one, who zagt und zaudert
then you should go and live in Laudert.

If you like an flotten Dreier,
miet a flat to live in Speyer.

If you make Liebe nur zu zweien,
such a house and live in Meyen.

If you often have a Schwippes,
you 'd better go to Cologne-Nippes.

If you willst gerne hocken bleim,
you should move to Hockenheim.

If you want Glücksspiel-Eskapaden,
a Heim for you is Baden-Baden.

If you want a Madel küssen,
you should quickly go to Füssen.

If you want Printensuppe maachen,
come nearby and live in Aachen.

If you want Porzellan zerschmeißen,
you should rent a home in Meißen.

If you gern in die Ostsee springst,
miet a Strandkorb, live in Zingst.

If you want Frauen drall and chic,
then go to see Oer-Erkenschwick.

If you want Glück and money finden,
try out Minden oder Inden.

If you are fond of deutschen Wein,
then go to Bacharach am Rhein.

If you want a Flugplatz seen,
take a diversion round Berlin.

If it an frischer Landluft mangelt,
you should come to live in Gangelt.

Der Wirt

Einst hat sich ein Kneipenwirt
in seinem Flaschenwald verirrt.
Er hat zu viel daran genippt.
Dann ist der Gute umgekippt.

***

Von den Kühen

Die Seekuh, dick und knuffig rund,
frisst stets das Gras am Meeresgrund.
Zu Lande fressen Holstein-Kühe
das Weidegras ganz ohne Mühe.

Gelegentlich da ruft: „Oh Schreck!",
so eine Kuh, „mein h ist weg.
Beim Melken hat es ungelogen
die Melkmaschine abgesogen!"

Solch eine Ku ist drauf versessen,
das Gras zu rauchen statt zu fressen.
Sie haucht noch: „Hai!", bevor sie pennt,
weshalb man sie auch Haiku nennt.

Rentnerschicksal

Es sprach mein Nachbar, der Herr Walter:
„Ich werde jetzt Zitronenfalter,
um meine Rente anzuheben,
kann sonst nicht gut im Alter leben."

Seitdem versucht' er ungehalten
Zitronen zum Quadrat zu falten.
Doch wollt' es leider nicht gelingen,
drum tat er im Quadrate springen.

Er fand dann etwas andres besser
und wurde darauf Käsemesser.
Doch niemand auf der ganzen Welt
gab ihm für 's Käsemessen Geld.

„Jetzt, jetzt werd' ich Rachenputzer!",
sprach der Rentenrevoluzzer.
Von Köln bis hin zu den Abruzzen
ließ niemand ihn den Rachen putzen.

Er versuchte sich nun schlauer
als perfekter Vogelbauer.
Doch so sehr er sich auch zwang,
kein Piepmatz diesem Mann gelang.

Auch dies Projekt war nun gescheitert,
was den Rentner nicht erheitert.
Und der, der einstmals engagiert,
war doch am Ende nur frustriert.

Zuletzt spazierte dann im Mai
ein Jüngling an dem Haus vorbei.
Er rief: „Eh Alter, bleibe heiter!
Ein guter Tipp für dich: Strickleiter!"

Seitdem sieht man den Rentner stricken
mit Sisalfasern, diesen dicken.
Im Stillen denkt sich doch Herr Walter:
„Ich wäre lieber Büstenhalter."

Limericks

Es wohnte einst ein Krokodil
in einem Fluss namens Nil.
Dann kamen die Jäger
und mit ihnen Träger.
Jetzt lebt es im Tierpark in Kiel.

Es lebte in Asien ein Yak,
das trank gern ein Gläschen Arak.
Drum war es oft betrunken,
hat dem Volk zu gewunken,
wenn es fuhr auf dem Fluss im Kajak.

Ein armer Indianer aus Texas
fuhr Taxi, weil er gern im Heck saß.
Er floh vor den Bullen
mit 'nem Beutel voll Stullen,
weil er nicht sehr gerne nur Dreck fraß.

Ein Eskimo stahl einen Schlitten.
Dann ist er damit ausgeglitten.
Er stürzt' Hals über Kopf
in 'nen brodelnden Topf
mit Walfleisch und belgischen Fritten.

Ein Grieche vom Stamme der Sorbas
umsegelt die Küste Mallorcas.
Sein Schiff, das ging unter,
er selber blieb munter.
Jetzt züchtet in Portland er Orkas.

Ein Friese von der Insel Föhr
fing einst einen riesigen Stör.
Als er ihn massakrierte,
das Tier explodierte.
Jetzt fehlt dem Mann das Gehör.

Sätze mit …

frei nach Robert Gernhardt und K.C. Zehrer

… bekannten Personen

Gernhardt (Robert)
Es zeigt die Maid dem Bernhard,
wie sie das Schmusen Gernhardt.

Moyes (Jojo)
Es ist nicht wirklich etwas Neu's:
Ein Kammerjäger jagt auch Moyes.

Schneider (Willi)
Die Hochzeitsfeier grad' begann,
drum Schneider jetzt den Kuchen an.

Brentano (Clemens von) bayrische Mundart
Es löscht die flinke Feuerwehr das Rathaus in Milano.
Da kommt der nächste Hilferuf: „Die Hypobank Brentano."

Erhardt (Heinz, Ludwig)
Er ist ein Mann, der 's schwer hat
und wenn er fällt, fällt Erhardt.

Dohnanyi (Klaus von) österreichische Mundart
„Läufst du am Arlberg gerne Ski?"
„Am Arlberg? Leider, Dohnanyi."

Puccini (Jaccomo) bayerische Mundart
Ein Fan von Tajib Erdogan
sprach: „Hier gibt es gar kein Problem.
Denn Puccini und bin ganz zahm,
dann lebt es sich hier angenehm."

Von der Leyen (Ursula)
Kann Uschi mir noch mal verzeihen?
Ich wollt' ein Kind nur von der Leyen.

Wehner (Herbert)
Der Läufer dopte oft und viel,
darum besiegt er Wehner will.

Stelter (Bernd)
Der Bauer fing den Bullen ein,
dann Stelter in den Stall ihn ein.

Putin (Wladimir)
Der Golfer schlägt den Ball auf 's Grün,
danach gelang ihm ein Putin.

Affleck (Ben) wienerisch
Franz spricht: „Sissi, welche Schand'!
I hab' Affleck auf dem Gewand."

Meinrad (Josef „Beppi")
„Meinrad, das schenke ich dir nicht!",
schrie Ullrich Armstrong ins Gesicht.

Gandhi (Mahatma) sächsische Mundart
„Ob denn Mandy, das Geribbe,
die mich nervt mit ihr'n Gehibbe,
zur Bewäächung ooch den Andy
bringen gann?" „Ich gloob, das Gandhi."

Stalin, (Josef) **und Falin** (Valentin)
Stell' für die Marter an den Falin!
Mein edler Hengst ist weg, er Stalin.

Wagenknecht (Sahra)
„Ich protestier', mein Lohn ist schlecht!"
„Das wirst du dich nicht Wagenknecht."

… mit Städte- und Ländernamen

Kapstadt
Der Seppelhut steht Xaver gut,
doch heute trägt man Kapstadt Hut.

Sydney
Louise sagte zu ihm: „Geh."
Entschieden sagte da Sydney.

Paris
Ob es denn völlig klar is',
dass Burton und die Taylor Liz
ein wirklich schönes Paris?

Dresden
Der Wiener Walzer hat viel Schwung,
mal Dresden rechts, mal links herum.

Darmstadt
Mir ist schlecht seit vielen Tagen,
doch jetzt rumort 's im Darmstadt Magen.

Wien
Er ist erst zwölf, jetzt liegt und lallt er,
doch saufen konnt' er Wien Alter.

Klagenfurt
Der Jupp starb auf dem Weg nach Lourdes,
jetzt sind auch seine Klagenfurt.

Hammerfest
Der Meister sagt in einem Test
dem Lehrling: „So, jetzt Hammerfest."

Frankfurt
Frank hat mich erwischt bei der Liebe mit Kurt,
jetzt ist er gekränkt, jetzt ist der Frankfurt.

Beirut
„Mensch Mann, ich wollte dich erreichen.
Dein Handy macht nur tut, tut tut."
„Kein Grund hier gleich so rum zu kreischen.
Ich glaube, es liegt noch Beirut."

Mekka
Nun Mekka doch nicht immer, Weib!
Hast du denn sonst kein' Zeitvertreib?

Bahrein
Den Frust verdrängen wollte Hein,
drum ging er in 'ne Sex Bahrein.

161

Göteborg

Schiller sprach:
„Ich zahl' die Schuld. Seid ohne Sorg',
weil ich mir Geld von Göteborg.

Philippinen, Alkohol, bissig

Philippinen ist nicht wohl,
bissig Ihnen Alkohol.
Alko ist ein braver Hund,
der macht Sie ganz schnell gesund.

… mit sonstigen Begriffen

Strychnin

Hans spielte jeden Lottoschein,
doch er Strychnin Jackpot ein.

Arsen

Eh Bauern vor 'm Altar steh'n,
will er erst ihre Arsen.

Urinstinkt

Omi vergisst so dies und das
und plötzlich ist die Hose nass.
Die Pippi an den Beinen rinnt.
Ihr Enkel ruft: „Bah! Urinstinkt!"

Cannabis (bayerische Mundart)
Ein Dieb, der hatte richtig Schiss;
da war'n zwei Hund', doch Cannabis.

Zehenspitzen
Der Folterknecht quält gern im Sitzen,
er will des Opfers Zehenspitzen.

Kommode
Schiller hatte – was sehr schade –
dereinst eine Schreibblockade.
Er dachte lange nach und stierte,
was aber zu rein gar nichts führte.
Er war am End' schon ganz marode,
da rief der Friedrich laut: „Kommode."

Wehrmacht
Ein Mensch, der kackt vor 's Kanzleramt.
„Wehrmacht denn das?" „Ein Demonstrant."

Leopard, Gepard
Mit Hans hat Liz sich nie Gepard,
weil der sich gern mit Leopard.

Bill Gates, Izmir, Erbrecht

Bill Gates heute gar nicht gut,
er aß mit Knut vom Eisenhut.
Knut sprach: „Es Izmir richtig schlecht!"
Der Arzt: „'s wär' gut, wenn ihr Erbrecht."

Ankara, Hanomag

Als gestern ich Ankara dachte,
mein Kopf mir viele Schmerzen machte.
Denn sie verpasste mir 'nen Schlag,
weil ich viel lieber Hanomag.

Vatikan

Dieser Satz ist heute Brauch:
Was Vatikan, kann Mutti auch.

Katalog

Die Menschen sagten ehrlich aus,
wer wen wo wie hinunterzog.
Mit Katharina war 's ein Graus.
Ich muss es sagen: „Katalog."

Tegernsee

Ich fahre zu Theresa May,
da ich ihren Tegernsee.

Geschüttelt, nicht gerührt

Beim Blick unter den Schottenrock
kriegten die Rotten einen Schock.

Als Vater sah die Schattenrisse,
fand er auch der Ratten Schisse.

Beim Maler in der Meisterklasse
rührte man die Kleistermasse.

Am Fluss unter der Felswand
war 's, wo ich meinen Wels fand.

Der Regisseur Herr Schlingensief
gar manches Mal beim Singen schlief.

Dort drunten auf der Liegewiese
stand die Wiege von der Liese.

Nachwort

Ich bin sehr froh: Nur eineinhalb Jahre nach Erscheinen des ersten Lyrikbandes „Heitere Resignation" ist der zweite fertig gestellt.

Wie auch im letzten Jahr habe ich einigen Leuten für ihre Hilfe zu danken. Da ist zuerst einmal Lena Corsten, die das passende Cover gestaltet hat und dabei eine Engelsgeduld hatte.

Dann danke ich ganz lieb den Mitgliedern der Autorengruppe, der ich angehöre: Sie sind für mich unter anderem ein Gradmesser für die Qualität der Texte, die ich schreibe. Sie kritisieren, ermutigen und bestärken mich in meinem Tun. Eine supertolle Mutmacherin ist Margarete Kaiser. Ein besonderer Dank gilt Heidi Hensges und Kurt Lehmkuhl, von denen ich immer wieder gute Tipps bekomme und die an wichtige Dinge denken, die ich selbst nicht beachtet hätte. Euch allen sei ganz herzlich gedankt.

Zuletzt danke ich meinem Mann Erwin, der meine Verzweiflung aushält, wenn etwas nicht funktioniert oder wenn ich, wie bei diesem Buch, den Titel und das bereits fertige Vorwort mehrfach ändern musste. Außerdem hat er einen guten Bezug insbesondere zu heiteren Texten und ist mir deshalb auch ein wichtiger Ratgeber. Nicht zu ersetzen sind seine Ruhe und seine guten Nerven.

Euch allen vielen Dank!

HD, im August 2018

Inhaltsverzeichnis

Der Lyrikband enthält Gedichte, die jeder verstehen kann, Gedichte, die einem Lebensgefühl Ausdruck verleihen, dass sich irgendwo zwischen Dur und Moll befindet oder zwischen Heiterkeit und Melancholie. Es heißt, mit einem inneren Lächeln auf die Dinge zu schauen, die wir nicht oder nur bedingt ändern können. Die Texte befassen sich mit aktuellen Themen wie Politik und Gesellschaft ebenso wie mit Naturphänomenen sowie sprachlichen Spielereien.

2. verbesserte Auflage, ISBN 978-3-738-64482-1